DEN PERFEKTA KÖPBOKEN FÖR INDISKA MASALA

En kryddladdad resa genom 100 smakrika recept

CARLY WRIGHT

Copyright Material ©2023

Alla rättigheter förbehållna

Ingen del av denna bok får användas eller överföras i någon form eller på något sätt utan korrekt skriftligt medgivande från utgivaren och upphovsrättsinnehavaren, förutom korta citat som används i en recension. Den här boken bör inte betraktas som en ersättning för medicinsk, juridisk eller annan professionell rådgivning.

INNEHÅLLSFÖRTECKNING

INNEHÅLLSFÖRTECKNING **3**
INLEDNING **6**
FRUKOST **7**
   1. MASALA OMELETT 8
   2. UPMA 10
   3. MASALA DOSA 12
   4. CHAI COOLER 14
   5. BLOMKÅLSFYLLD PARATHA 16
   6. SPENATFYLLT BRÖD 18
   7. SMAKFULLT KNÄCKT VETE MED CASHEWNÖTTER 20
   8. CHAI KRYDDAD VARM CHOKLAD 22
   9. CHAI KURDI 24
   10. SYDINDISKA CRÊPES 26
   11. KIKÄRTSMJÖL CRÊPES 29
   12. CREPES OF WHEAT CRÊPES 31
   13. MASALA TOFU SCRAMBLE 33
   14. SÖTA PANNKAKOR 35
   15. CHAI LATTE GRÖT 37
SMÅ TALLAR **39**
   16. KRYDDAD SPISHÄLLSPOPCORN 40
   17. MASALA PAPAD 42
   18. POHA (PLANAT RIS) MED ÄRTER 44
   19. ROSTADE MASALA NÖTTER 46
   20. CHAI-KRYDDADE ROSTADE MANDLAR OCH CASHEWNÖTTER 48
   21. BAKADE GRÖNSAKSRUTOR 50
   22. CHAI-KRYDDADE ROSTADE NÖTTER 52
   23. KIKÄRTS POPPERS 54
   24. ROSTAD AUBERGINE DIP 56
   25. KRYDDIG SÖTPOTATISBIFFAR 58
   26. SHARONS VEGGIE SALLAD SMÖRGÅSAR 61
   27. SOJAYOGHURT RAITA 63
   28. NORTH INDIAN HUMMUS 65
   29. CHAI SPICED POPCORN 67
KIKÄRT, BÖNOR OCH LINSER **69**
   30. ROSTADE MASALABÖNOR ELLER LINSER 70
   31. QUICKIE MASALA BÖNOR ELLER LINSER 72
   32. NORDINDISKA CURRYBÖNOR ELLER LINSER 74
   33. SYDINDISKA BÖNOR MED CURRYBLAD 76
   34. GOAN-INSPIRERAD CURRY MED KOKOSMJÖLK 78
   35. CHANA MASALA BALJVÄXTER 80
   36. PUNJABI CURRYBÖNOR 82
   37. SPISHÄLL SAMBHAR-INSPIRERAD CURRY 84
   38. LÅNGSAMKOKTA BÖNOR OCH LINSER 86
   39. CHANA OCH SPLIT MOONG DAL MED PEPPARFLINGOR 88

GRÖNSAKER **90**
   40. KRYDDAD TOFU OCH TOMATER 91
   41. KUMMINPOTATISHASH 93
   42. SENAPSFRÖPOTATISHASH 95
   43. KÅL I PUNJABI-STIL 97
   44. KÅL MED SENAPSFRÖN OCH KOKOS 99
   45. STRÄNGBÖNOR MED POTATIS 101
   46. AUBERGINE MED POTATIS 103
   47. MASALA BRYSSELKÅL 105
   48. RÖDBETOR MED SENAPSFRÖN OCH KOKOS 107
   49. RIVEN MASALA SQUASH 109
   50. CASHEW-FYLLD BABYAUBERGINE 111
   51. KRYDDAD SPENAT MED "PANEER" 114
   52. CURRIED VINTERMELON 116
   53. BOCKHORNSKLÖVER-SPENATPOTATIS 118
   54. CRACKLING OKRA 120
SALLADER OCH SIDOR **122**
   55. KRYDDIG BÖNSALLAD 123
   56. MAMMAS MUNG GRODDSALLAD 125
   57. CHICKPEA POPPER STREET SALAD 127
   58. STREET CORN SALAD 129
   59. KNÄCKIG MOROTSSALLAD 131
   60. GRANATÄPPLE CHAAT 133
   61. MASALA FRUKTSALLAD 135
   62. VARM NORDINDISK SALLAD 137
   63. COLD INDIAN STREET SALAD 139
   64. APELSINSALLAD 141
SOPPA **143**
   65. NORDINDISK TOMATSOPPA 144
   66. INGEFÄRA SOJAMJÖLKSOPPA 146
   67. SEITAN MULLIGATAWNY SOUP 148
   68. KRYDDAD GRÖN SOPPA 151
   69. SYDINDISK TOMAT- OCH TAMARINDSOPPA 153
   70. KRYDDAD LINSSOPPA (MASOOR DAL-SOPPA) 155
   71. TOMAT- OCH SPISKUMMINSOPPA 157
   72. KRYDDAD PUMPASOPPA 159
   73. KRYDDIG TOMAT RASAM 161
   74. KORIANDER- OCH MYNTASOPPA 163
KARRIER **165**
   75. PUMPACURRY MED KRYDDIGA FRÖN 166
   76. TAMARIND FISH CURRY 168
   77. LAX I CURRY MED SAFFRANSSMAK 170
   78. OKRA CURRY 172
   79. VEGETABILISK KOKOSCURRY 174
   80. GRUNDLÄGGANDE GRÖNSAKSCURRY 176
   81. KÅLCURRY 178

82. Blomkålscurry 180
83. Blomkål och potatiscurry 182
84. Blandad grönsaks- och linscurry 184
85. Potatis, blomkål och tomatcurry 186
86. Pumpa Curry 188
87. Wokade grönsaker 190
88. Tomatcurry 192
89. Vit kalebass Curry 194
Dessert **196**
  90. Chai Latte Cupcakes 197
  91. Masala Panna Cotta 200
  92. Masala Rispudding 202
  93. Chai Glass 205
  94. Masala Cheesecake 208
  95. Masala Chai Tiramisu 211
  96. Chai Spice Apple Crisp 214
  97. Kardemummakryddad Kheer (indisk rispudding) 217
  98. Gulab Jamun 219
  99. Masala Chai Kryddkaka 221
  100. Chai kryddade kakor 223
Slutsats **225**

INTRODUKTION

I varje indiskt kök är masalalådan mer än bara en samling kryddor; det är ett heligt kärl som innehåller nyckeln till en skattkammare av smaker, en symfoni av aromer som dansar genom luften och ett pass till en kulinarisk resa som sträcker sig över subkontinentens längd och bredd.

När vi öppnar sidorna i den här kokboken, föreställ dig de livliga kryddmarknaderna i Gamla Delhi, där luften genomsyras av berusande dofter av spiskummin, koriander och kardemumma. Föreställ dig huskockarnas kök över hela Indien, där konsten att använda kryddor har fulländats under århundraden och skapat rätter som är lika olika som landet självt. "DEN PERFEKTA KÖPBOKEN FÖR INDISKA MASALA" är din biljett till denna kalejdoskopiska värld av smaker, och erbjuder 100 smakrika recept som fångar essensen av indiska kulinariska traditioner.

I vår utforskning hyllar vi inte bara ingredienserna utan de berättelser, traditioner och kulturella nyanser som gör varje maträtt till ett unikt uttryck för Indiens rika arv. Från de eldiga curryrätterna i söder till de aromatiska biryanierna i norr, varje recept är ett bevis på den kulinariska mångfalden som förenar denna stora och dynamiska subkontinent.

Oavsett om du är en erfaren kock som är ivrig att bemästra indisk matlagnings krångligheter eller en hemmakock redo att ge dig ut på ett smakrikt äventyr, är den här kokboken din följeslagare. Följ med mig när vi avslöjar hemligheterna bakom masalalådan, där kryddornas alkemi förvandlar ödmjuka ingredienser till extraordinära skapelser. Låt oss gräva in i hjärtat av indiska kök, där varje måltid är en fest, och varje rätt är en hyllning till kryddblandningens konstnärskap.

Så, med en namaste och ett varmt välkomnande, låt resan börja – en resa genom de livliga marknaderna, de livliga gatorna och köken där masalas magi blir levande. Må ditt kök fyllas med livfullhet, värme och oförglömliga smaker som gör det indiska köket till en evig fröjd. Glad matlagning!

FRUKOST

1. Masala omelett

INGREDIENSER:
- 2-3 ägg
- 1/4 kopp finhackad lök
- 1/4 kopp hackade tomater
- 1-2 grön chili, hackad
- 1/4 tsk spiskummin
- 1/4 tsk gurkmejapulver
- 1/4 tsk rött chilipulver
- Salt att smaka
- Hackade korianderblad till garnering

INSTRUKTIONER:
a) Vispa ägg i en skål och tillsätt hackad lök, tomater, grön chili, spiskummin, gurkmejapulver, röd chilipulver och salt.
b) Blanda väl och häll blandningen i en het, smord panna.
c) Koka tills omeletten stelnat, vänd och tillaga den andra sidan.
d) Garnera med hackade korianderblad och servera varma.

2. Upma

INGREDIENSER:
- 1 kopp mannagryn (sooji/rava)
- 1/2 tsk senapsfrön
- 1/2 tsk urad dal
- currylöv
- 1/2 kopp hackad lök
- 1 tsk riven ingefära
- 1-2 grön chili, hackad
- Blandade grönsaker (morötter, ärtor, bönor) - 1/2 kopp
- 1/4 tsk gurkmejapulver
- Salt att smaka
- Cashewnötter till garnering
- Ghee för matlagning

INSTRUKTIONER:
a) Rosta mannagryn i en panna tills den blir gyllenbrun. Avsätta.
b) Värm ghee i en annan panna och tillsätt senapsfrön, urad dal, curryblad, hackad lök, riven ingefära och grön chili.
c) Tillsätt blandade grönsaker och fräs tills de är delvis kokta.
d) Tillsätt rostad mannagryn, gurkmejapulver, salt och blanda väl.
e) Häll på varmt vatten och rör hela tiden för att undvika klumpar. Koka tills upman är fluffig.
f) Rosta cashewnötterna i en separat panna tills de är gyllene och lägg till upman innan servering.

3.Masala Dosa

INGREDIENSER:
- Dosa smet
- 2-3 potatisar, kokta och mosade
- 1/2 tsk senapsfrön
- 1/2 tsk urad dal
- currylöv
- 1/2 kopp hackad lök
- 1-2 grön chili, hackad
- 1/4 tsk gurkmejapulver
- 1/2 tsk garam masala
- Salt att smaka
- Olja för matlagning dosa

INSTRUKTIONER:
a) Värm olja i en panna och tillsätt senapsfrön, urad dal och curryblad.
b) Tillsätt hackad lök, grön chili och fräs tills löken är gyllenbrun.
c) Tillsätt potatismos, gurkmejapulver, garam masala och salt. Blanda väl.
d) Bred ut dosasmeten på en het stekpanna, tillsätt en sked av potatisblandningen och bred ut den på dosan.
e) Koka tills dosan är knaprig. Servera varm med kokoschutney och sambar.

4.Chai Cooler

INGREDIENSER:
- ¾ kopp chai, kyld
- ¾ kopp vanilj sojamjölk, kyld
- 2 msk fryst äppeljuicekoncentrat, tinat
- ½ banan, skivad och fryst

INSTRUKTIONER:
a) Kombinera chai, sojamjölk, äppeljuicekoncentrat och banan i en mixer.
b) Mixa tills det är slätt och krämigt.
c) Servera direkt.

5.Blomkålsfylld Paratha

INGREDIENSER:
- 2 koppar (300 g) riven blomkål ¼ huvud)
- 1 tsk grovt havssalt
- ½ tsk garam masala
- ½ tsk gurkmejapulver
- 1 sats Basic Roti Dough

INSTRUKTIONER:

a) Blanda blomkål, salt, garam masala och gurkmeja i en djup skål.

b) När fyllningen är klar, börja kavla ut roti-degen. Börja med att göra Basic Roti Dough. Dra av en bit ungefär lika stor som en golfboll (cirka 5 cm i diameter) och rulla den mellan båda handflatorna för att forma den till en boll. Tryck den mellan båda handflatorna för att platta till den något och kavla ut den på en lätt mjölad yta tills den är cirka 12,5 cm i diameter.

c) Lägg en klick (en rågad matsked) av blomkålsfyllningen precis i mitten av den utkavlade degen. Vik in alla sidor så att de möts på mitten och gör i princip en fyrkant. Doppa båda sidorna av fyrkanten lätt i torrt mjöl.

d) Kavla ut den på en yta lätt pudrad med mjöl tills den är tunn och rund, cirka 25 cm i diameter. Den kanske inte är helt rund och en del av fyllningen kan komma igenom något, men det är helt okej.

e) Värm en tava eller en tung stekpanna på medelhög värme. När det är varmt, placera parathas i pannan och värm i 30 sekunder, tills det är precis tillräckligt fast för att vända men inte helt hårt eller torkat ut. Detta steg är avgörande för att göra riktigt läckra Parathas. Det kommer att se ut som att det precis ska lagas men fortfarande lite rått. Koka i 30 sekunder på motsatt sida. Under tiden, olja lätt den sida som är vänd uppåt, vänd på den, olja lätt den andra sidan och stek på båda sidorna tills de får lite färg. Servera omedelbart med smör, söt sojayoghurt eller indisk pickle (achaar).

6.Spenatfyllt bröd

INGREDIENSER:
- 3 koppar (603 g) 100 % helvete chapatimjöl (atta)
- 2 koppar (60 g) färsk spenat, putsad och finhackad
- 1 kopp (237 ml) vatten
- 1 tsk grovt havssalt

INSTRUKTIONER:
a) Mixa mjöl och spenat i en matberedare. Detta kommer att bli en smulig blandning.
b) Tillsätt vattnet och saltet. Bearbeta tills degen blir en kladdig boll.
c) Överför degen till en djup skål eller till din lätt mjölade bänkskiva och knåda i några minuter tills den är smidig som pizzadeg. Om degen är kladdig, tillsätt lite mer mjöl. Om det är för torrt, tillsätt lite mer vatten.
d) Dra av en bit av degen ungefär lika stor som en golfboll (cirka 5 cm i diameter) och rulla den mellan båda handflatorna för att forma den till en boll. Tryck den mellan båda handflatorna för att platta till den något och kavla ut den på en lätt mjölad yta tills den är cirka 12,5 cm i diameter.
e) Värm en tava eller en tung stekpanna på medelhög värme. När det är varmt, placera Paratha i pannan och värm i 30 sekunder, tills det är precis tillräckligt fast för att vända men inte helt hårt eller torkat ut.
f) Koka i 30 sekunder på motsatt sida. Under tiden, olja lätt den sida som är vänd uppåt, vänd på den, olja lätt den andra sidan och stek på båda sidorna tills de får lite färg.
g) Servera omedelbart med smör, söt sojayoghurt eller indisk pickle (achaar).

7.Salta knäckta vete med cashewnötter

INGREDIENSER:
- 1 kopp (160 g) knäckt vete
- 1 matsked olja
- 1 tsk svarta senapsfrön
- 4–5 curryblad, grovt hackade
- ½ medelgul eller röd lök, skalad och tärnad
- 1 liten morot, skalad och tärnad
- ½ kopp (145 g) ärtor, färska eller frysta
- 1–2 thailändska, serrano- eller cayenne-chiles,
- ¼ kopp (35 g) råa cashewnötter, torrrostade
- 1 tsk grovt havssalt
- 2 koppar (474 ml) kokande vatten
- Saften av 1 medelstor citron

INSTRUKTIONER:
a) Torrrosta det knäckta vetet i en kraftig sautépanna på medelhög värme i cirka 7 minuter tills det är lätt brynt. Överför till en tallrik för att svalna.
b) Hetta upp oljan i en djup, tung panna på medelhög värme.
c) Tillsätt senapsfröna och koka tills de fräser, cirka 30 sekunder.
d) Tillsätt curryblad, lök, morot, ärtor och chili. Koka i 2 till 3 minuter, rör om då och då, tills löken börjar få lite färg.
e) Tillsätt det knäckta vetet, cashewnötterna och saltet. Blanda väl.
f) Tillsätt det kokande vattnet till blandningen. Gör detta mycket försiktigt, eftersom det kommer att stänka. Jag tar locket till den stora pannan och håller det framför mig med höger hand samtidigt som jag häller vattnet med vänster. Så fort vattnet är där lägger jag tillbaka locket och låter blandningen sätta sig i någon minut. Alternativt kan du stänga av värmen tillfälligt medan du häller i vattnet.
g) När vattnet är i, sänk värmen till låg och koka blandningen utan lock tills all vätska har absorberats.
h) Tillsätt citronsaften alldeles i slutet av tillagningstiden. Sätt tillbaka locket på pannan, stäng av värmen och låt blandningen stå i 15 minuter för att bättre absorbera alla smaker.
i) Servera omedelbart med rostat bröd spritt med smör, mosad banan eller kryddig grön chilipepparchutney.

8.Chai kryddad varm choklad

INGREDIENSER:
- 2 dl mjölk (mejeri eller alternativ mjölk)
- 2 matskedar kakaopulver
- 2 msk socker (justera efter smak)
- 1 tsk chai teblad (eller 1 chai tepåse)
- ½ tsk mald kanel
- ¼ tesked mald kardemumma
- Nypa mald ingefära
- Vispad grädde och ett stänk kanel till garnering

INSTRUKTIONER:
a) Värm mjölken på medelvärme i en kastrull tills den är varm men inte kokar.
b) Tillsätt chai-tebladen (eller tepåsen) i mjölken och låt dra i 5 minuter. Ta bort tebladen eller tepåsen.
c) I en liten skål, vispa ihop kakaopulver, socker, kanel, kardemumma och ingefära.
d) Vispa gradvis kakaoblandningen i den varma mjölken tills den är väl blandad och slät.
e) Fortsätt att värma den kryddade varma chokladen, rör om då och då, tills den når önskad temperatur.
f) Häll upp i muggar, toppa med vispad grädde och strö över kanel. Servera och njut!

9.Chai Kurdi

INGREDIENSER:
- 1 msk indiska teblad
- 1 kanel; pinne
- vatten, kokande
- Sockerbitar

INSTRUKTIONER:
a) Häll teet och kanelen i en tekanna och häll i det kokande vattnet.
b) Låt dra i 5 minuter.
c) Servera varm med sockerbitar.

10. Sydindiska Crêpes

INGREDIENSER:
- 1 kopp (190 g) brunt basmatiris, rengjorda och tvättade
- ¼ kopp (48 g) hela svarta linser med skal
- 2 matskedar split gram (chana dal)
- ½ tsk bockhornsklöverfrön
- 1 tsk grovt havssalt, delat
- 1½ koppar (356 ml) vatten
- Olja, för stekning, ställ åt sidan i en liten skål
- ½ stor lök, skalad och halverad (för att förbereda pannan)

INSTRUKTIONER:
a) Blötlägg riset i rikligt med vatten i en stor skål.
b) Blötlägg de svarta linserna, split gram och bockhornsklöver i en separat skål.
c) Tillsätt ½ tesked salt i varje skål. Ställ varje skål på ett varmt ställe (jag gillar att förvara dem i en avstängd ugn) med ett löst lock och lägg dem i blöt över natten.
d) På morgonen, dränera och reservera vattnet.
e) Mal linser och ris tillsammans i en kraftfull mixer. Tillsätt upp till 1½ koppar (356 ml) vatten när du går. (Du kan använda det reserverade blötläggningsvattnet.)
f) Låt smeten sitta i 6 till 7 timmar på en lätt varm plats (igen, till exempel en avstängd ugn) för att jäsa något.
g) Hetta upp en stekpanna på medelhög värme. Lägg 1 tsk olja i pannan och bred ut den med en hushållspapper eller diskhandduk.
h) När pannan är varm sticker du en gaffel i den oskärna, rundade delen av löken. Håll i gaffelhandtaget och gnugga den avskurna hälften av löken fram och tillbaka över pannan. Kombinationen av värmen, lökjuicerna och oljan hjälper till att förhindra att din dosa fastnar. Jag lärde mig detta av en sydindisk familjevän, Parvati Auntie, och det gör verkligen stor skillnad i världen. Håll löken med den insatta gaffeln till hands att använda igen mellan doserna.
i) Håll en liten skål med olja på sidan med en sked, du kommer att använda den senare.
j) Nu äntligen till matlagningen! Häll cirka ¼ kopp (59 ml) smet i mitten av den varma, förberedda pannan. Med baksidan av din slev gör du långsamt medurs rörelser från mitten till den yttre kanten av pannan tills smeten blir tunn och crêpe-liknande.
k) Häll med en liten sked en tunn stråle olja i en cirkel runt smeten.
l) Låt dosan koka tills den fått lite färg och drar sig lite från pannan. Vänd och stek den andra sidan. När den är brynt, servera omedelbart i lager med kryddad jeera- eller citronpotatis, kokosnötchutney och en sida av sambhar.

11. Kikärtsmjöl Crêpes

INGREDIENSER:
- 2 koppar (184 g) gram (kikärter) mjöl (besan)
- 1½ koppar (356 g) vatten
- 1 liten lök, skalad och finhackad (cirka ½ kopp [75 g])
- 1 bit ingefära, skalad och riven eller finhackad
- 1–3 gröna thai-, serrano- eller cayennechiles, hackade
- ¼ kopp (7 g) torkade bockhornsklöverblad (kasoori methi)
- ½ kopp (8 g) färsk koriander, hackad
- 1 tsk grovt havssalt
- ½ tsk mald koriander
- ½ tsk gurkmejapulver
- 1 tsk rött chilepulver eller cayenneolja, för stekning i pannan

INSTRUKTIONER:
a) I en djup skål, blanda mjöl och vatten tills det är slätt. Jag gillar att börja med en visp och sedan använda baksidan av en sked för att bryta ner de små mjölklumparna som normalt bildas.
b) Låt blandningen sitta i minst 20 minuter.
c) Tillsätt de återstående ingredienserna, förutom oljan, och blanda väl.
d) Hetta upp en stekpanna på medelhög värme.
e) Tillsätt ½ tesked olja och fördela den över grillen med baksidan av en sked eller en pappershandduk. Du kan också använda en matlagningsspray för att täcka pannan jämnt.
f) Häll ¼ kopp (59 ml) av smeten i mitten av pannan med en slev. Med baksidan av sleven, sprid smeten i en cirkulär, medurs rörelse från mitten mot utsidan av pannan för att skapa en tunn, rund pannkaka ca 5 tum (12,5 cm) i diameter.
g) Koka arman tills den är lätt brun på ena sidan, cirka 2 minuter, och vänd den sedan för att tillaga på den andra sidan. Tryck ner med spateln så att även mitten är genomstekt.
h) Koka resterande smet, tillsätt olja efter behov för att förhindra att den fastnar.
i) Servera med en sida av min Mint eller Peach Chutney.

12. Crepes of Wheat Crêpes

INGREDIENSER:
- 3 koppar (534 g) grädde av vete (sooji)
- 2 koppar (474 ml) osötad vanlig sojayoghurt
- 3 koppar (711 ml) vatten
- 1 tsk grovt havssalt
- ½ tesked mald svartpeppar
- ½ tesked rött chilepulver eller cayennepepp
- ½ gul eller röd lök, skalad och fint tärnad
- 1–2 gröna thailändska, serrano- eller cayennechiles, hackade
- Olja, för stekning, ställ åt sidan i en liten skål
- ½ stor lök, skalad och halverad (för förberedelsepanna)

INSTRUKTIONER:
a) I en djup skål, blanda ihop grädden av vete, yoghurt, vatten, salt, svartpeppar och rött chilipulver och ställ det åt sidan i 30 minuter för att jäsa något.
b) Tillsätt den hackade löken och chilin. Blanda försiktigt.
c) Hetta upp en stekpanna på medelhög värme. Häll 1 tsk olja i pannan.
d) När pannan är varm sticker du en gaffel i den oskärna, rundade delen av löken. Håll i gaffelhandtaget och gnugga den avskurna hälften av löken fram och tillbaka över pannan. Kombinationen av värmen, lökjuicen och oljan hjälper till att förhindra att din dosa fastnar. Håll löken med den insatta gaffeln till hands att använda igen mellan doserna. När det blir svart från pannan är det bara att skära av framsidan tunt.
e) Håll en liten skål med olja på sidan med en sked - du kommer att använda den senare.
f) Nu äntligen till matlagningen! Häll lite mer än ¼ kopp (59 ml) smet i mitten av din varma, förberedda panna. Med baksidan av din slev gör du långsamt medurs rörelser från mitten till den yttre kanten av pannan tills smeten blir tunn och crêpe-liknande. Om blandningen omedelbart börjar bubbla, sänk bara värmen något.
g) Häll med en liten sked en tunn stråle olja i en cirkel runt smeten.
h) Låt dosan koka tills den fått lite färg och drar sig bort från pannan. Vänd och stek den andra sidan.

13. Masala Tofu Scramble

INGREDIENSER:
- 14-ounce förpackning extra fast organisk tofu
- 1 matsked olja
- 1 tsk spiskummin
- ½ liten vit eller röd lök, skalad och finhackad
- 1 bit ingefärsrot, skalad och riven
- 1–2 gröna thailändska, serrano- eller cayennechiles, hackade
- ½ tsk gurkmejapulver
- ½ tesked rött chilepulver eller cayennepepp
- ½ tsk grovt havssalt
- ½ tsk svart salt
- ¼ kopp (4 g) färsk koriander, hackad

INSTRUKTIONER:
a) Smula ner tofun med händerna och ställ åt sidan.
b) Värm oljan på medelhög värme i en tung, platt panna.
c) Tillsätt spiskummin och koka tills fröna fräser, cirka 30 sekunder.
d) Tillsätt lök, ingefära, chili och gurkmeja. Koka och bryn i 1 till 2 minuter, rör om för att förhindra att den fastnar.
e) Tillsätt tofun och blanda väl för att säkerställa att hela blandningen gulnar av gurkmejan.
f) Tillsätt röd chilipulver, havssalt, svart salt (kala namak) och koriander. Blanda väl.
g) Servera med rostat bröd eller rullad i en varm roti eller paratha wrap.

14. Söta pannkakor

INGREDIENSER:
- 1 kopp (201 g) 100 % helvete chapatimjöl
- ½ kopp (100 g) jaggery
- ½ tsk fänkålsfrön
- 1 kopp (237 ml) vatten

INSTRUKTIONER:

a) Blanda alla ingredienser i en djup skål och låt smeten stå i minst 15 minuter.

b) Värm en lätt oljad stekpanna eller stekpanna på medelhög värme. Häll eller ös upp smeten på grillen, använd cirka ¼ kopp (59 mL) för varje fattiga. Tricket är att breda ut smeten något med baksidan av sleven från mitten i medurs rörelse utan att tunna ut den för mycket.

c) Bryn på båda sidor och servera rykande het.

15. Chai Latte gröt

INGREDIENSER:
- 180 ml lättmjölk
- 1 msk ljust mjukt farinsocker
- 4 kardemummakapslar, öppnade
- 1 stjärnanis
- ½ tesked mald ingefära
- ½ tesked mald muskotnöt
- ½ tsk mald kanel
- 1 påse havre

INSTRUKTIONER:
a) Häll mjölk, socker, kardemumma, stjärnanis och ¼ tesked av ingefära, muskotnöt och kanel i en liten kastrull och låt koka upp, rör om då och då, tills sockret har lösts upp.

b) Sila av i en kanna, kassera hela kryddorna, återgå sedan till pannan och använd den infunderade mjölken för att koka havren enligt förpackningsanvisningarna. Häll upp i en skål.

c) Blanda den återstående ¼ teskeden av varje ingefära, muskot och kanel tills den är jämn kombinerad och använd sedan för att pudra toppen av gröten med en latte-mall för att skapa ett unikt mönster, om du vill.

SMÅ PLATTOR

16.Kryddade spishällspopcorn

INGREDIENSER:
- 1 matsked olja
- ½ kopp (100 g) okokta popcornkärnor
- 1 tsk grovt havssalt
- 1 tsk garam masala, Chaat Masala eller Sambhar Masala

INSTRUKTIONER:
a) Värm oljan på medelhög värme i en djup, tung panna.
b) Tillsätt popcornkärnorna.
c) Täck pannan och vrid värmen till medel-låg.
d) Koka tills poppljudet saktar ner, 6 till 8 minuter.
e) Stäng av värmen och låt popcornen sitta med lock på i ytterligare 3 minuter.
f) Strö över salt och masala. Servera omedelbart.
g) Med en tång, ta en papad i taget och värm den över spishällen. Om du har en gasspis, koka den rakt över lågan, var noga med att blåsa ut de bitar som tar eld. Vänd dem hela tiden fram och tillbaka tills alla delar är kokta och knapriga. Om du använder en elektrisk spis, värm dem på ett galler över brännaren och vänd hela tiden tills de är knapriga. Var försiktig - de bränns lätt.
h) Stapla papaderna och servera direkt som mellanmål eller till middagen.

17. Masala Papad

INGREDIENSER:
- 1 (6–10 antal) paket köpt papad (gjord av linser)
- 2 matskedar olja
- 1 medelstor rödlök, skalad och finhackad
- 2 medelstora tomater, tärnade
- 1–2 gröna thai-, serrano- eller cayennechiles, stjälkarna borttagna, fint skivade
- 1 tsk Chaat Masala
- Rött chilepulver eller cayenne, efter smak

INSTRUKTIONER:
a) Med en tång, ta en papad i taget och värm den över spishällen. Om du har en gasspis, koka den rakt över lågan, var noga med att blåsa ut småbitar som tar eld. Det bästa sättet att tillaga dessa är att hela tiden vända dem tills alla delar är kokta och knapriga. Om du använder en elektrisk spis, värm dem på ett galler över brännaren och vänd hela tiden tills de är knapriga. Var försiktig - de bränns lätt.
b) Lägg ut papaderna på en stor bricka.
c) Pensla varje papad lätt med olja med en bakelseborste.
d) Blanda ihop lök, tomater och chili i en liten skål.
e) Skeda 2 matskedar av lökblandningen över varje papad.
f) Toppa varje papad med ett stänk av Chaat Masala och rött chilepulver. Servera omedelbart.

18.Poha (Plattat ris) med ärter

INGREDIENSER:
- 1 kopp poha (plattat ris)
- 1/2 tsk senapsfrön
- 1/2 tsk spiskummin
- 1/4 tsk gurkmejapulver
- 1/2 kopp gröna ärtor
- currylöv
- 2 matskedar jordnötter
- 1/2 kopp hackad lök
- 1-2 grön chili, hackad
- Citronsaft efter smak
- Hackade korianderblad till garnering

INSTRUKTIONER:
a) Skölj poha och ställ åt sidan.
b) Värm olja i en panna och tillsätt senapsfrön, spiskummin, curryblad och jordnötter.
c) Tillsätt hackad lök, grön chili och fräs tills löken är gyllenbrun.
d) Tillsätt gurkmejapulver, gröna ärtor och sköljd poha. Blanda väl.
e) Koka tills poha är genomvärmd. Tillsätt citronsaft och garnera med hackade korianderblad före servering.

19.Rostade Masala nötter

INGREDIENSER:
- 2 koppar (276 g) råa cashewnötter
- 2 koppar (286 g) råa mandlar
- 1 msk garam masala, Chaat Masala eller Sambhar Masala
- 1 tsk grovt havssalt
- 1 matsked olja
- ¼ kopp (41 g) gyllene russin

INSTRUKTIONER:

a) Ställ in ett ugnsgaller i det högsta läget och förvärm ugnen till 425°F (220°C). Klä en bakplåt med aluminiumfolie för enkel rengöring.

b) I en djup skål, blanda ihop alla ingredienser utom russinen tills nötterna är jämnt belagda.

c) Ordna nötblandningen i ett enda lager på den förberedda bakplåten.

d) Grädda i 10 minuter, blanda försiktigt halvvägs genom tillagningstiden för att säkerställa att nötterna kokar jämnt.

e) Ta ut pannan från ugnen. Tillsätt russinen och låt blandningen svalna i minst 20 minuter. Detta steg är viktigt. Kokta nötter blir sega, men de får tillbaka krisigheten när de svalnat. Servera omedelbart eller förvara i en lufttät burk i upp till en månad.

20.Chai-kryddade rostade mandlar och cashewnötter

INGREDIENSER:
- 2 koppar (276 g) råa cashewnötter
- 2 koppar (286 g) råa mandlar
- 1 matsked Chai Masala
- 1 msk jaggery (gur) eller farinsocker
- ½ tsk grovt havssalt
- 1 matsked olja

INSTRUKTIONER:

a) Ställ in ett ugnsgaller i det högsta läget och förvärm ugnen till 425°F (220°C). Klä en bakplåt med aluminiumfolie för enkel rengöring.

b) I en djup skål, kombinera alla ingredienser och blanda väl tills nötterna är jämnt belagda.

c) Ordna nötblandningen i ett enda lager på den förberedda bakplåten.

d) Grädda i 10 minuter, blanda halvvägs genom tillagningstiden för att säkerställa att blandningen kokar jämnt.

e) Ta ut plåten från ugnen och låt blandningen svalna i cirka 20 minuter. Detta steg är viktigt. Kokta nötter blir sega, men de får tillbaka krisigheten när de svalnat.

f) Servera omedelbart eller förvara i en lufttät burk i upp till en månad.

21. Bakade grönsaksrutor

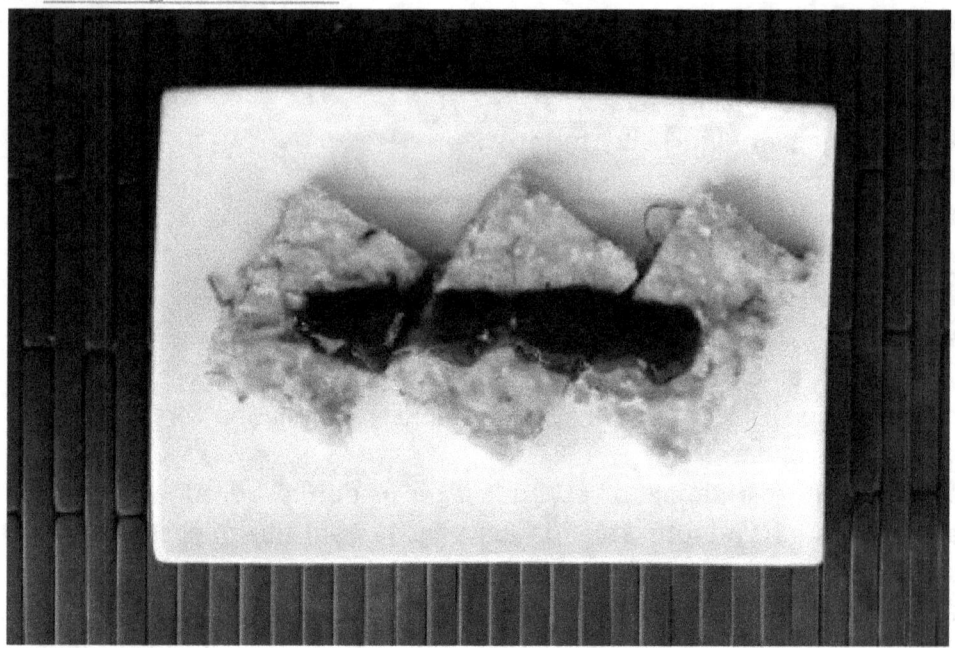

INGREDIENSER:
- 2 koppar (140 g) riven vitkål (½ litet huvud)
- 1 kopp (100 g) riven blomkål (¼ medium huvud)
- 1 kopp (124 g) riven zucchini
- ½ potatis, skalad och riven
- ½ medelgul eller röd lök, skalad och tärnad
- 1 bit ingefära, skalad och riven eller finhackad
- 3–4 gröna thailändska, serrano- eller cayennechiles, hackade
- ¼ kopp (4 g) finhackad färsk koriander
- 3 koppar (276 g) gram (kikärter) mjöl (besan)
- ½ 12-ounce paket sidentofu
- 1 msk grovt havssalt
- 1 tsk gurkmejapulver
- 1 tsk rött chilepulver eller cayennepeppar
- ¼ tesked bakpulver
- ¼ kopp (59 ml) olja

INSTRUKTIONER:
a) Ställ in ett ugnsgaller i mitten och förvärm ugnen till 350°F (180°C). Olja in en 10-tums (25 cm) fyrkantig bakpanna. Använd en större bakform om du vill ha en tunnare, krispigare pakora.
b) I en djup skål, kombinera kål, blomkål, zucchini, potatis, lök, ingefära, chili och koriander.
c) Tillsätt mjölet och blanda långsamt tills det är väl blandat. Det hjälper att använda händerna för att verkligen blanda ihop allt.
d) I en matberedare, mixer eller en mer kraftfull mixer, mixa tofun tills den är slät.
e) Tillsätt den blandade tofun, salt, gurkmeja, röd chilipulver, bakpulver och olja till grönsaksblandningen. Blanda.
f) Häll blandningen i den förberedda bakformen.
g) Grädda i 45 till 50 minuter, beroende på hur varm ugnen blir. Skålen är färdig när en tandpetare som sticks in i mitten kommer ut ren.
h) Kyl i 10 minuter och skär i rutor. Servera med din favoritchutney.

22.Chai kryddade rostade nötter

INGREDIENSER:
- 4 koppar osaltade blandade nötter
- ¼ kopp lönnsirap
- 3 matskedar smält kokosolja
- 2 matskedar kokossocker
- 3 teskedar mald ingefära
- 2 tsk mald kanel
- 2 tsk mald kardemumma
- 1 tsk mald kryddpeppar
- 1 tesked rent vaniljpulver
- ½ tesked salt
- ¼ tesked svartpeppar

INSTRUKTIONER:
a) Värm ugnen till 325°F (163°C). Klä en kantad bakplåt med bakplåtspapper och ställ åt sidan.
b) I en stor mixerskål, kombinera alla ingredienser utom nötterna. Rör om väl för att skapa en smakrik blandning.
c) Tillsätt de blandade nötterna i skålen och blanda dem tills de är jämnt belagda med den kryddade blandningen.
d) Bred ut de belagda nötterna på den förberedda bakplåten i ett jämnt lager.
e) Rosta nötterna i den förvärmda ugnen i cirka 20 minuter. Kom ihåg att rotera kastrullen och rör om nötterna halvvägs genom rostningstid för att säkerställa en jämn tillagning.
f) När det är klart tar du ut de rostade nötterna från ugnen och låter dem svalna helt.
g) Förvara dina chai-kryddade rostade nötter i en lufttät behållare vid rumstemperatur för läckra mellanmål.

23.Kikärts Poppers

INGREDIENSER:
- 4 koppar kokta kikärter eller 2 12-ounce burkar kikärter
- 1 msk garam masala, Chaat Masala eller Sambhar Masala
- 2 tsk grovt havssalt 2 msk olja
- 1 tsk rött chilipulver, cayennepeppar eller paprika, plus mer att strö över

INSTRUKTIONER:
a) Ställ in ett ugnsgaller i det högsta läget och förvärm ugnen till 425°F (220°C). Klä en bakplåt med aluminiumfolie för enkel rengöring.
b) Låt kikärtorna rinna av i ett stort durkslag i cirka 15 minuter för att få bort så mycket fukt som möjligt. Om du använder konserver, skölj först.
c) Blanda försiktigt ihop alla ingredienser i en stor skål.
d) Ordna de kryddade kikärtorna i ett enda lager på bakplåten.
e) Koka i 15 minuter. Ta försiktigt ut plåten ur ugnen, blanda försiktigt så att kikärtorna kokar jämnt och koka ytterligare 10 minuter.
f) Låt svalna i 15 minuter. Strö över det röda chilipulvret, cayennepeppar eller paprika.

24. Rostad Aubergine Dip

INGREDIENSER:
- 3 medelstora auberginer med skal (den stora, runda, lila sorten)
- 2 matskedar olja
- 1 hög tsk spiskummin
- 1 tsk mald koriander
- 1 tsk gurkmejapulver
- 1 stor gul eller röd lök, skalad och tärnad
- 1 (2 tum [5 cm]) bit ingefära rot, skalad och riven eller finhackad
- 8 vitlöksklyftor, skalade och rivna eller hackade
- 2 medelstora tomater, skalade (om möjligt) och tärnade
- 1–4 gröna thai-, serrano- eller cayennechiles, hackade
- 1 tsk rött chilepulver eller cayennepeppar
- 1 msk grovt havssalt

INSTRUKTIONER:
a) Ställ in en ugnsgaller i det näst högsta läget. Förvärm broilern till 500°F (260°C). Klä en bakplåt med aluminiumfolie för att undvika stök senare.
b) Stick hål i auberginen med en gaffel (för att släppa ut ånga) och lägg dem på plåten. Stek i 30 minuter, vänd en gång. Huden kommer att förkolnas och brännas i vissa områden när de är klara. Ta ut plåten från ugnen och låt auberginen svalna i minst 15 minuter. Skär med en vass kniv en klyfta på längden från ena änden av varje aubergine till den andra, och dra upp den något. Skopa ur det rostade köttet inuti, var noga med att undvika ångan och rädda så mycket juice som möjligt. Lägg det rostade auberginköttet i en skål – du har cirka 4 koppar (948 ml).
c) Värm oljan på medelhög värme i en djup, tung panna.
d) Tillsätt spiskummin och koka tills det fräser, cirka 30 sekunder.
e) Tillsätt koriander och gurkmeja. Blanda och koka i 30 sekunder.
f) Tillsätt löken och bryn i 2 minuter.
g) Tillsätt ingefära och vitlök och koka i ytterligare 2 minuter.
h) Tillsätt tomater och chili. Koka i 3 minuter, tills blandningen mjuknar.
i) Tillsätt köttet från de rostade auberginema och koka i ytterligare 5 minuter, blanda då och då för att undvika att fastna.
j) Tillsätt det röda chilipulvret och saltet. Vid det här laget bör du också ta bort och kassera eventuella herrelösa bitar av förkolnat aubergineskinn.
k) Mixa denna blandning med en stavmixer eller i en separat mixer. Överdriv inte – det borde fortfarande finnas lite konsistens. Servera med rostade naanskivor, kex eller tortillachips. Du kan också servera den traditionellt med en indisk måltid av roti, linser och raita.

25.Kryddiga sötpotatisbiffar

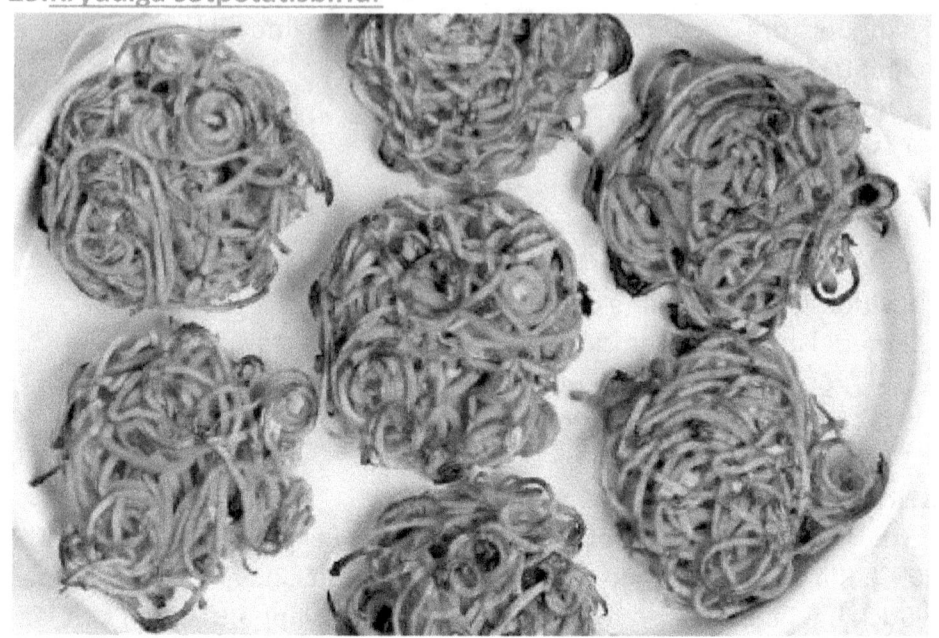

INGREDIENSER:
- 1 stor sötpotatis (eller vit potatis), skalad och skuren i ½-tums (13 mm) tärningar (cirka 4 koppar [600 g])
- 3 matskedar (45 ml) olja, uppdelad
- 1 tsk spiskummin
- ½ medelgul eller röd lök, skalad och fint tärnad
- 1 (1-tum [2,5-g]) bit ingefära, skalad och riven eller finhackad
- 1 tsk gurkmejapulver
- 1 tsk mald koriander
- 1 tsk garam masala
- 1 tsk rött chilepulver eller cayennepeppar
- 1 kopp (145 g) ärtor, färska eller frysta (tina först)
- 1–2 gröna thailändska, serrano- eller cayennechiles, hackade
- 1 tsk grovt havssalt
- ½ kopp (46 g) gram (kikärter) mjöl (besan)
- 1 msk citronsaft
- Hackad färsk persilja eller koriander, till garnering

INSTRUKTIONER:
a) Ångkoka potatisen tills den är mjuk, ca 7 minuter. Låt det svalna. Använd händerna eller en potatisstöt för att försiktigt bryta ner den. Du kommer att ha cirka 3 koppar (630 g) potatismos vid det här laget.
b) I en ytlig stekpanna, värm 2 matskedar av oljan på medelhög värme.
c) Tillsätt spiskummin och låt koka tills den fräser och får lite färg, cirka 30 sekunder.
d) Tillsätt lök, ingefära, gurkmeja, koriander, garam masala och rött chilepulver. Koka tills de är mjuka, ytterligare 2 till 3 minuter. Låt blandningen svalna.
e) När den har svalnat, tillsätt blandningen till potatisen, följt av ärtor, grön chili, salt, grammjöl och citronsaft.
f) Blanda väl med händerna eller stor sked.
g) Forma blandningen till små biffar och lägg dem åt sidan på en bricka.
h) Värm den återstående 1 msk olja i en stor, tung panna på medelhög värme. Koka biffarna i omgångar om 2 till 4, beroende på pannans storlek, i cirka 2 till 3 minuter per sida, tills de fått färg.
i) Servera varm, garnerad med hackad färsk persilja eller koriander. Denna patty kan ätas som en smörgås, på en salladsbädd eller som en rolig sida till din förrätt. Blandningen håller sig i cirka 3 till 4 dagar i kylen. För att göra den mer traditionella biffen, använd vanlig potatis istället för sötpotatisen.

26.Sharons Veggie Sallad Smörgåsar

INGREDIENSER:
- 1 stor tomat, skuren i tjocka skivor
- 1 stor paprika, tunt skivad i ringar
- 1 stor rödlök, skalad och tunt skivad i ringar
- Saften av 1 citron
- ½ tsk grovt havssalt
- ½ tesked svart salt (kala namak)

INSTRUKTIONER:

a) Ordna grönsakerna på tallriken med tomater först, sedan paprika och lökringar ovanpå.

b) Strö grönsakerna med citronsaft, havssalt och svart salt.

c) Servera omedelbart. Att sitta på din främre gräsmatta och göra smörgåsar är valfritt.

27.Sojayoghurt Raita

INGREDIENSER:

- 1 kopp (237 ml) vanlig, osötad sojayoghurt
- 1 gurka, skalad, riven och pressad för att ta bort överflödigt vatten
- ½ tsk rostad malen spiskummin
- ½ tsk grovt havssalt
- ½ tesked svart salt (kala namak)
- ½ tsk rött chilepulver
- Saft av ½ citron eller lime

INSTRUKTIONER:

a) Blanda ihop alla ingredienser i en skål. Servera omedelbart.

28. Nordindisk hummus

INGREDIENSER:
- 2 koppar (396 g) kokta hela bönor eller linser
- Saften av 1 medelstor citron
- 1 vitlöksklyfta, skalad, putsad och grovt hackad
- 1 tsk grovt havssalt
- 1 tsk mald svartpeppar
- ½ tsk rostad malen spiskummin
- ½ tsk mald koriander
- ¼ kopp (4 g) hackad färsk koriander
- ⅓ kopp (79 ml) plus 1 msk olivolja
- 1–4 matskedar (15–60 ml) vatten
- ½ tsk paprika, till garnering

INSTRUKTIONER:

a) I en matberedare, kombinera bönorna eller linserna, citronsaft, vitlök, salt, svartpeppar, spiskummin, koriander och koriander. Bearbeta tills det är väl blandat.

b) Med maskinen fortfarande igång, tillsätt oljan. Fortsätt att bearbeta tills blandningen är krämig och slät, tillsätt vatten efter behov, 1 matsked åt gången.

29. Chai kryddade popcorn

INGREDIENSER:
- 3 matskedar kokosolja
- ½ kopp popcornkärnor
- 1 tesked koshersalt
- ½ tesked mald kryddpeppar
- ½ tesked mald kanel
- ½ tesked mald kryddnejlika
- 1 matsked olivolja

INSTRUKTIONER:

a) Lägg kokosoljan och popcornkärnorna i en stor kastrull med tättslutande lock. Värm på medelhög värme medan du hela tiden flyttar grytan fram och tillbaka över lågan.

b) Fortsätt att skaka grytan tills poppningen börjar sakta ner. Ta bort den från värmen och överför den poppade majsen i en skål. Strö över salt efter din smak.

c) Kombinera kryddpeppar, kanel och kryddnejlika i en separat liten skål.

d) Kasta de nypoppade popcornen med kryddblandningen och olivolja för en härlig chai-kryddad behandling.

KIKÄRT, BÖNOR OCH LINSER

30. Rostade Masalabönor eller linser

INGREDIENSER:
- 4 dl kokta hela bönor eller linser
- 1 msk garam masala, Chaat Masala eller Sambhar Masala
- 2 tsk grovt havssalt
- 2 matskedar olja
- 1 tsk rött chilepulver, cayennepeppar eller paprika

INSTRUKTIONER:
a) Värm ugnen till 425°F (220°C). Klä en bakplåt med aluminiumfolie för enkel rengöring.
b) Blanda försiktigt ihop bönorna eller linserna, masala, salt och olja i en stor skål.
c) Ordna de kryddade bönorna eller linserna i ett enda lager på den förberedda bakplåten.
d) Grädda i 25 minuter.
e) Strö över röd chili, cayenne eller paprika.

31.Quickie Masala bönor eller linser

INGREDIENSER:
- 1 kopp (237 ml) Gila Masala
- 1 kopp (150 g) hackade grönsaker
- 1–3 thailändsk, serrano eller cayenne chili, hackad
- 1 tsk garam masala
- 1 tsk mald koriander
- 1 tsk rostad malen spiskummin
- ½ tesked rött chilepulver eller cayennepepp
- 1½ tsk grovt havssalt
- 2 koppar (474 ml) vatten
- 2 koppar (396 g) kokta hela bönor eller linser
- 1 msk hackad färsk koriander, till garnering

INSTRUKTIONER:
a) Värm Gila Masalaen på medelhög värme i en djup, tung kastrull tills den börjar bubbla.

b) Tillsätt grönsakerna, chili, garam masala, koriander, spiskummin, röd chilipulver, salt och vatten. Koka tills grönsakerna mjuknat, 15 till 20 minuter.

c) Tillsätt bönorna eller linserna. Koka tills den är genomvärmd.

d) Garnera med koriander och servera omedelbart med brunt eller vitt basmatiris, roti eller naan.

32. Nordindiska currybönor eller linser

INGREDIENSER:
- 2 matskedar olja
- ½ tesked asafetida (hing)
- 2 tsk spiskummin
- ½ tsk gurkmejapulver
- 1 kanelstång
- 1 kassiablad (eller lagerblad)
- ½ medelgul eller röd lök, skalad och finhackad
- 1 bit ingefära, skalad och riven eller finhackad
- 4 vitlöksklyftor, skalade och rivna eller hackade
- 2 stora tomater, skalade och tärnade
- 2–4 gröna thai-, serrano- eller cayennechiles, hackade
- 4 dl kokta hela bönor eller linser
- 4 koppar vatten
- 1½ tsk grovt havssalt
- 1 tsk rött chilepulver eller cayennepeppar
- 2 msk hackad färsk koriander, till garnering

INSTRUKTIONER:
a) Värm oljan på medelhög värme i en tjock kastrull.

b) Tillsätt asafetida, spiskummin, gurkmeja, kanel och kassiablad och koka tills fröna fräser, cirka 30 sekunder.

c) Tillsätt löken och stek tills den fått lite färg, ca 3 minuter. Rör om ofta så att löken inte fastnar i pannan.

d) Tillsätt ingefära och vitlök. Koka ytterligare 2 minuter.

e) Tillsätt tomaterna och grön chili.

f) Sänk värmen till medel-låg och koka i 3 till 5 minuter, tills tomaterna börjar brytas ner.

g) Tillsätt bönorna eller linserna och koka i ytterligare 2 minuter.

h) Tillsätt vatten, salt och rött chilipulver. Koka upp.

i) När blandningen kokar, minska värmen och låt sjuda i 10 till 15 minuter.

j) Garnera med koriander och servera med brunt eller vitt basmatiris, roti eller naan.

33. Sydindiska bönor med curryblad

INGREDIENSER:

- 2 msk kokosolja
- ½ tesked asafetida pulver (hing)
- ½ tsk gurkmejapulver
- 1 tsk spiskummin
- 1 tsk svarta senapsfrön
- 15–20 färska curryblad, grovt hackade
- 6 hela torkade röda chilipeppar, grovt hackade
- ½ medelgul eller röd lök, skalad och tärnad
- 1 (14-oz. [420-ml]) kan kokosmjölk, lätt eller helfett
- 1 kopp (237 ml) vatten
- 1 tsk Rasampulver eller Sambhar Masala
- 1½ tsk grovt havssalt
- 1 tsk rött chilepulver eller cayennepeppar
- 3 koppar (576 g) kokta hela bönor eller linser
- 1 msk hackad färsk koriander, till garnering

INSTRUKTIONER:

a) Värm oljan på medelhög värme i en djup, tung kastrull.

b) Tillsätt asafetida, gurkmeja, spiskummin, senap, curryblad och röd chilipeppar. Koka tills fröna fräser, cirka 30 sekunder. Senapsfrön kan poppa, så ha ett lock till hands.

c) Tillsätt löken. Koka tills de fått färg, cirka 2 minuter, rör om ofta för att förhindra att den fastnar.

d) Tillsätt kokosmjölken, vattnet, Rasam-pulver eller Sambhar Masala, salt och rött chilipulver. Koka upp och sänk sedan värmen och låt sjuda i 1 till 2 minuter tills smakerna ingjuter mjölken.

e) Tillsätt bönorna eller linserna. Värm igenom och låt sjuda i 2 till 4 minuter, tills baljväxterna är infunderade med smak. Tillsätt ytterligare en kopp vatten om du vill ha en soppigare konsistens. Servera omedelbart, garnerad med koriander, i djupa skålar med brunt eller vitt basmatiris.

34. Goan-inspirerad curry med kokosmjölk

INGREDIENSER:
- 1 matsked olja
- ½ stor lök, skalad och tärnad
- 1 bit ingefära, skalad och riven eller finhackad
- 4 vitlöksklyftor, skalade och rivna eller hackade
- 1 stor tomat, tärnad (2 koppar)
- 1–3 gröna thai-, serrano- eller cayennechiles, hackade
- 1 msk mald koriander
- 1 msk mald spiskummin
- 1 tsk gurkmejapulver
- 1 tsk tamarindpasta
- 1 rågad tesked jaggery (gur) eller farinsocker
- 1½ tsk grovt havssalt
- 3 koppar (711 ml) vatten
- 4 koppar kokta hela linser eller bönor (svarta ögonärtor är traditionella)
- 1 kopp (237 ml) kokosmjölk, vanlig eller lätt
- Saft av ½ medelstor citron
- 1 msk hackad färsk koriander, till garnering

INSTRUKTIONER:
a) Värm oljan på medelhög värme i en djup, tung kastrull.
b) Tillsätt löken och stek i 2 minuter tills den fått lite färg.
c) Tillsätt ingefära och vitlök. Koka en minut till.
d) Tillsätt tomat, chili, koriander, spiskummin, gurkmeja, tamarind, jaggery, salt och vatten.
e) Koka upp, sänk värmen och låt puttra utan lock i 15 minuter.
f) Tillsätt linserna eller bönorna och kokosmjölken och värm igenom.
g) Tillsätt citronsaften och garnera med koriander. Servera med brunt eller vitt basmatiris, roti eller naan.

35.Chana Masala baljväxter

INGREDIENSER:

- 2 matskedar olja
- 1 hög tsk spiskummin
- ½ tsk gurkmejapulver
- 2 matskedar Chana Masala
- 1 stor gul eller röd lök, skalad och tärnad
- 1 (2 tum [5 cm]) bit ingefära rot, skalad och riven eller finhackad
- 4 vitlöksklyftor, skalade och rivna eller hackade
- 2 medelstora tomater, tärnade
- 1–3 gröna thai-, serrano- eller cayennechiles, hackade
- 1 tsk rött chilepulver eller cayennepeppar
- 1 msk grovt havssalt
- 1 kopp (237 ml) vatten
- 4 koppar kokta hela bönor eller linser (vita kikärtor är traditionella)

INSTRUKTIONER:

a) Värm oljan på medelhög värme i en djup, tung panna.

b) Tillsätt spiskummin, gurkmeja och Chana Masala och koka tills fröna fräser, cirka 30 sekunder.

c) Tillsätt löken och koka tills den är mjuk, ungefär en minut.

d) Tillsätt ingefära och vitlök. Koka en minut till.

e) Tillsätt tomater, grön chili, röd chilipulver, salt och vatten.

f) Koka upp, sänk värmen och sjud blandningen i 10 minuter, tills alla ingredienser blandas.

g) Tillsätt bönorna eller linserna och koka igenom. Servera över brunt eller vitt basmatiris eller med roti eller naan.

36. Punjabi currybönor

INGREDIENSER:

- 1 medelstor gul eller röd lök, skalad och grovt hackad
- 1 bit ingefärsrot, skalad och grovt hackad
- 4 vitlöksklyftor, skalade och putsade
- 2–4 gröna thai-, serrano- eller cayennechiles
- 2 matskedar olja
- ½ tesked asafetida (hing)
- 2 tsk spiskummin
- 1 tsk gurkmejapulver
- 1 kanelstång
- 2 hela nejlikor
- 1 svart kardemummakapsel
- 2 medelstora tomater, skalade och tärnade (1 kopp)
- 2 msk tomatpuré
- 4 dl kokta hela bönor eller linser
- 2 koppar (474 ml) vatten
- 2 tsk grovt havssalt
- 2 tsk garam masala
- 1 tsk rött chilepulver eller cayennepeppar
- 2 råga matskedar hackad färsk koriander

INSTRUKTIONER:

a) I en matberedare, bearbeta löken, ingefära, vitlöken och chili till en vattnig pasta.
b) Värm oljan på medelhög värme i en djup, tung panna.
c) Tillsätt asafetida, spiskummin, gurkmeja, kanel, kryddnejlika och kardemumma. Koka tills blandningen fräser, cirka 30 sekunder.
d) Tillsätt lökpastan långsamt. Var försiktig - detta kan stänka när det träffar den heta oljan. Koka tills de fått färg, rör om då och då, cirka 2 minuter.
e) Tillsätt tomater, tomatpuré, linser eller bönor, vatten, salt, garam masala och rött chilepulver.
f) Koka upp blandningen, sänk sedan värmen och låt sjuda i 10 minuter.
g) Ta bort hela kryddorna. Tillsätt koriander och servera över en bädd av brunt eller vitt basmatiris.

37.Spishäll Sambhar-inspirerad curry

INGREDIENSER:

- 2 koppar (396 g) kokta hela bönor eller linser
- 9 koppar (2,13 L) vatten
- 1 medelstor potatis, skalad och tärnad
- 1 tsk tamarindpasta
- 5 koppar (750 g) grönsaker (använd en sort), tärnade och skurna
- 2 råga matskedar Sambhar Masala
- 1 matsked olja
- 1 tsk asafetida pulver (hing) (valfritt)
- 1 msk svarta senapsfrön
- 5–8 hela torkade röda chili, grovt hackad
- 8–10 färska curryblad, grovt hackade
- 1 tsk rött chilepulver eller cayennepeppar
- 1 msk grovt havssalt

INSTRUKTIONER:

a) I en djup soppgryta på medelhög värme, kombinera bönorna eller linserna, vatten, potatis, tamarind, grönsaker och Sambhar Masala. Koka upp.

b) Sänk värmen och låt sjuda i 15 minuter tills grönsakerna vissnar och mjuknar.

c) Förbered tempereringen (tarka). Värm oljan på medelhög värme i en liten panna. Tillsätt asafetida (om du använder) och senapsfrön. Senap tenderar att poppa, så ha ett lock till hands.

d) När fröna börjar poppa, tillsätt snabbt den röda chilin och currybladen. Koka i ytterligare 2 minuter, rör om ofta.

e) När currybladen börjar bli bruna och krypa ihop, tillsätt denna blandning till linserna. Koka i ytterligare 5 minuter.

f) Tillsätt det röda chilipulvret och saltet. Servera som en rejäl soppa, som en traditionell sida till dosa, eller med brunt eller vitt basmatiris.

38. Långsamkokta bönor och linser

INGREDIENSER:

- 2 koppar (454 g) torkade limabönor, plockade och tvättade
- ½ medelgul eller röd lök, skalad och grovt hackad
- 1 medelstor tomat, tärnad
- 1 bit ingefära, skalad och riven eller finhackad
- 2 vitlöksklyftor, skalade och rivna eller hackade
- 1–3 gröna thai-, serrano- eller cayennechiles, hackade
- 3 hela nejlikor
- 1 hög tsk spiskummin
- 1 tsk rött chilepulver eller cayennepeppar
- råga tesked grovt havssalt
- ½ tsk gurkmejapulver
- ½ tsk garam masala
- 7 koppar (1,66 L) vatten
- ¼ kopp (4 g) hackad färsk koriander

INSTRUKTIONER:

a) Lägg alla ingredienser utom koriandern i långsamkokaren. Koka på hög temperatur i 7 timmar, tills bönorna bryts ner och blir något krämiga.

b) Ungefär halvvägs genom tillagningsprocessen kommer bönorna att se ut som de är färdiga, men håll igång långsamkokaren. Curryn kommer fortfarande att vara vattnig och måste koka ner ytterligare.

c) Ta bort kryddnejlika om du kan hitta dem. Tillsätt färsk koriander och servera över basmatiris eller med roti eller naan.

39. Chana och Split Moong Dal med pepparflingor

INGREDIENSER:
- 1 kopp (192 g) delad gram (chana dal), plockad över och tvättad
- 1 kopp (192 g) torkade delade gröna linser med skal (moong dal), plockade över och tvättade
- ½ medelgul eller röd lök, skalad och tärnad
- 1 bit ingefära, skalad och riven eller finhackad
- 4 vitlöksklyftor, skalade och rivna eller hackade
- 1 medelstor tomat, skalad och tärnad
- 1–3 gröna thai-, serrano- eller cayennechiles, hackade
- 1 msk plus 1 tsk spiskummin, uppdelade
- 1 tsk gurkmejapulver
- 2 tsk grovt havssalt
- 1 tsk rött chilepulver eller cayennepeppar
- 6 dl vatten
- 2 matskedar olja
- 1 tsk röd paprikaflingor
- 2 msk hackad färsk koriander

INSTRUKTIONER:
a) Lägg det delade grammet, gröna linser, lök, ingefära, vitlök, tomat, chili, 1 matsked spiskummin, gurkmeja, salt, röd chilipulver och vatten i långsamkokaren. Koka på hög i 5 timmar.
b) Nära slutet av tillagningstiden, värm oljan i en grund panna på medelhög värme.
c) Tillsätt resterande 1 tsk spiskummin.
d) När det fräser till, tillsätt rödpepparflingorna. Koka i ytterligare högst 30 sekunder. Kokar du den för länge blir flingorna för hårda.
e) Tillsätt denna blandning, tillsammans med koriandern, till linserna.
f) Servera detta ensamt som en soppa eller med brunt eller vitt basmatiris, roti eller naan.

GRÖNSAKER

40. Kryddad tofu och tomater

INGREDIENSER:
- 2 matskedar olja
- 1 råga matsked spiskummin
- 1 tsk gurkmejapulver
- 1 medium röd eller gul lök, skalad och finhackad
- 1 (2 tum [5 cm]) bit ingefära rot, skalad och riven eller finhackad
- 6 vitlöksklyftor, skalade och rivna eller hackade
- 2 medelstora tomater, skalade (valfritt) och hackade (3 koppar [480 g])
- 2–4 gröna thai-, serrano- eller cayennechiles, hackade
- 1 msk tomatpuré
- 1 msk garam masala
- 1 msk torkade bockhornsklöverblad (kasoori methi), lätt krossade för hand för att frigöra sin smak
- 1 kopp (237 ml) vatten
- 2 tsk grovt havssalt
- 1 tsk rött chilepulver eller cayennepeppar
- 2 medelstora gröna paprikor, kärnade och tärnade (2 dl)
- 2 (14-ounce [397-g]) förpackningar extra fast ekologisk tofu, bakad och tärnad

INSTRUKTIONER:
a) Värm oljan på medelhög värme i en stor, tung panna.
b) Tillsätt spiskummin och gurkmeja. Koka tills fröna fräser, cirka 30 sekunder.
c) Tillsätt lök, ingefära och vitlök. Koka i 2 till 3 minuter tills det är lätt brunt, rör om då och då.
d) Tillsätt tomater, chili, tomatpuré, garam masala, bockhornsklöver, vatten, salt och rött chilipulver. Sänk värmen något och låt puttra utan lock i 8 minuter.
e) Tillsätt paprikan och koka i ytterligare 2 minuter. Tillsätt tofun och blanda försiktigt. Koka i ytterligare 2 minuter tills den är genomvärmd. Servera med brunt eller vitt basmatiris, roti eller naan.

41. Spikummin Potatis Hash

INGREDIENSER:
- 1 matsked olja
- 1 msk spiskummin
- ½ tesked asafetida (hing)
- ½ tsk gurkmejapulver
- ½ tsk mangopulver (amchur)
- 1 liten gul eller röd lök, skalad och tärnad
- 1 bit ingefära, skalad och riven eller finhackad
- 3 stora kokta potatisar (valfri sort), skalade och tärnade (4 koppar [600 g])
- 1 tsk grovt havssalt
- 1–2 gröna thai-, serrano- eller cayennechiles, stjälkarna borttagna, tunt skivade
- ¼ kopp (4 g) hackad färsk koriander, malet Saft av ½ citron

INSTRUKTIONER:
a) Värm oljan på medelhög värme i en djup, tung panna.
b) Tillsätt spiskummin, asafetida, gurkmeja och mangopulvret. Koka tills fröna fräser, cirka 30 sekunder.
c) Tillsätt löken och ingefärsroten. Koka i ytterligare en minut, rör om för att förhindra att den fastnar.
d) Tillsätt potatisen och salt. Blanda väl och koka tills potatisen är genomvärmd.
e) Toppa med chili, koriander och citronsaft. Servera som en sida med roti eller naan eller rullad i en besan poora eller dosa. Det här är jättebra som fyllning för en veggiesmörgås eller till och med serverad i en salladskopp.

42. Senapsfröpotatishash

INGREDIENSER:
- 1 matsked split gram (chana dal)
- 1 matsked olja
- 1 tsk gurkmejapulver
- 1 tsk svarta senapsfrön
- 10 curryblad, grovt hackade
- 1 liten gul eller röd lök, skalad och tärnad
- 3 stora kokta potatisar (valfri sort), skalade och tärnade (4 koppar [600 g])
- 1 tsk grovt vitt salt
- 1–2 gröna thai-, serrano- eller cayennechiles, stjälkarna borttagna, tunna skivor

INSTRUKTIONER:
a) Blötlägg det delade grammet i kokt vatten medan du förbereder de återstående ingredienserna.
b) Värm oljan på medelhög värme i en djup, tung panna.
c) Tillsätt gurkmeja, senap, curryblad och avrunna delade gram. Var försiktig, fröna tenderar att poppa och de blötlagda linserna kan stänka olja, så du kan behöva ett lock. Koka i 30 sekunder, rör om för att förhindra att den fastnar.
d) Tillsätt löken. Koka tills de fått lite färg, cirka 2 minuter.
e) Tillsätt potatis, salt och chili. Koka i ytterligare 2 minuter. Servera som en sida med roti eller naan eller rullad i en besan poora eller dosa. Det här är jättebra som fyllning för en veggiesmörgås eller till och med serverad i en salladskopp.

43.Kål i Punjabi-stil

INGREDIENSER:
- 3 matskedar (45 ml) olja
- 1 msk spiskummin
- 1 tsk gurkmejapulver
- ½ gul eller röd lök, skalad och tärnad
- 1 bit ingefära, skalad och riven eller finhackad
- 6 vitlöksklyftor, skalade och hackade
- 1 medelstor potatis, skalad och tärnad
- 1 vitkål med medelstort huvud, yttre blad borttagna och finstrimlade (ca 8 koppar [560 g])
- 1 kopp (145 g) ärtor, färska eller frysta
- 1 grön thailändsk, serrano eller cayenne chile, stjälken borttagen, hackad
- 1 tsk mald koriander
- 1 tsk malen spiskummin
- 1 tsk mald svartpeppar
- ½ tesked rött chilepulver eller cayennepepp
- 1½ tsk havssalt

INSTRUKTIONER:
a) Lägg alla ingredienser i långsamkokaren och blanda försiktigt.

b) Koka på låg i 4 timmar. Servera med vitt eller brunt basmatiris, roti eller naan. Detta är ett bra fyllmedel för en pitabröd med en liten klick sojayoghurt raita.

44. Kål med senapsfrön och kokos

INGREDIENSER:

- 2 msk hela, skalade svarta linser (sabut urud dal)
- 2 msk kokosolja
- ½ tesked asafetida (hing)
- 1 tsk svarta senapsfrön
- 10–12 curryblad, grovt hackade
- 2 matskedar osötad riven kokos
- 1 medelstor vitkål, hackad (8 koppar [560 g])
- 1 tsk grovt havssalt
- 1–2 thailändska, serrano- eller cayennechiles, stjälkarna borttagna, skivade på längden

INSTRUKTIONER:

a) Blötlägg linserna i kokt vatten så att de mjuknar medan du förbereder de återstående ingredienserna.
b) Värm oljan på medelhög värme i en djup, tung panna.
c) Tillsätt asafetida, senap, avrunna linser, curryblad och kokos. Värm tills fröna poppar, cirka 30 sekunder. Var noga med att inte bränna currybladen eller kokosen. Fröna kan hoppa ut, så ha ett lock till hands.
d) Tillsätt kålen och saltet. Koka, rör om regelbundet, i 2 minuter tills kålen precis vissnar.
e) Tillsätt chilin. Servera omedelbart som en varm sallad, kall eller med roti eller naan.

45.Strängbönor med potatis

INGREDIENSER:

- 1 matsked olja
- 1 tsk spiskummin
- ½ tsk gurkmejapulver
- 1 medium röd eller gul lök, skalad och tärnad
- 1 bit ingefära, skalad och riven eller finhackad
- 3 vitlöksklyftor, skalade och rivna eller hackade
- 1 medelstor potatis, skalad och tärnad
- ¼ kopp (59 ml) vatten
- 4 koppar (680 g) hackade strängbönor (½ tum [13 mm] långa)
- 1–2 thailändsk, serrano eller cayenne chili, hackad
- 1 tsk grovt havssalt
- 1 tsk rött chilepulver eller cayennepeppar

INSTRUKTIONER:

a) Värm oljan på medelhög värme i en tung, djup panna.
b) Tillsätt spiskummin och gurkmeja och koka tills fröna fräser, cirka 30 sekunder.
c) Tillsätt lök, ingefära och vitlök. Koka tills det är lite brunt, ca 2 minuter.
d) Tillsätt potatisen och koka i ytterligare 2 minuter under konstant omrörning. Tillsätt vattnet för att förhindra att det fastnar.
e) Tillsätt strängbönorna. Koka i 2 minuter, rör om då och då.
f) Tillsätt chili, salt och rött chilipulver.
g) Sänk värmen till medel-låg och täck delvis pannan. Koka i 15 minuter tills bönorna och potatisen är mjuka. Stäng av värmen och låt pannan sitta, täckt, på samma brännare i ytterligare 5 till 10 minuter.
h) Servera med vitt eller brunt basmatiris, roti eller naan.

46. Aubergine med potatis

INGREDIENSER:
- 2 matskedar olja
- ½ tesked asafetida (hing)
- 1 tsk spiskummin
- ½ tsk gurkmejapulver
- 1 (2 tum [5 cm]) bit ingefära rot, skalad och skuren i ½ tum (13 mm) långa tändstickor
- 4 vitlöksklyftor, skalade och grovt hackade
- 1 medelstor potatis, skalad och grovt hackad
- 1 stor lök, skalad och grovt hackad
- 1–3 thailändsk, serrano eller cayenne chili, hackad
- 1 stor tomat, grovt hackad
- 4 medelstora auberginer med skal, grovt hackade, träiga toppar ingår (8 koppar [656 g])
- 2 tsk grovt havssalt
- 1 msk garam masala
- 1 msk mald koriander
- 1 tsk rött chilepulver eller cayennepeppar
- 2 msk hackad färsk koriander, till garnering

INSTRUKTIONER:

a) Värm oljan på medelhög värme i en djup, tung panna.

b) Tillsätt asafetida, spiskummin och gurkmeja. Koka tills fröna fräser, cirka 30 sekunder.

c) Tillsätt ingefära och vitlök. Koka under konstant omrörning i 1 minut.

d) Tillsätt potatisen. Koka i 2 minuter.

e) Tillsätt lök och chili och låt koka i ytterligare 2 minuter, tills det är lite brunt.

f) Tillsätt tomaten och koka i 2 minuter. Vid det här laget har du skapat en bas för din maträtt.

g) Tillsätt auberginen. (Det är viktigt att behålla de träiga ändarna så att du och dina gäster kan tugga ut det läckra, köttiga mitten senare.)

h) Tillsätt salt, garam masala, koriander och rött chilipulver. Koka i 2 minuter.

i) Sänk värmen till låg, täck delvis över pannan och koka i ytterligare 10 minuter.

j) Stäng av värmen, täck pannan helt och låt den stå i 5 minuter så att alla smaker har en chans att verkligen blandas. Garnera med koriander och servera med roti eller naan.

47.Masala brysselkål

INGREDIENSER:
- 1 matsked olja
- 1 tsk spiskummin
- 2 koppar (474 ml) Gila Masala
- 1 kopp (237 ml) vatten
- 4 matskedar (60 ml) Cashew Cream
- 4 koppar (352 g) brysselkål, putsade och halverade
- 1–3 thailändsk, serrano eller cayenne chili, hackad
- 2 tsk grovt havssalt
- 1 tsk garam masala
- 1 tsk mald koriander
- 1 tsk rött chilepulver eller cayennepeppar
- 2 msk hackad färsk koriander, till garnering

INSTRUKTIONER:
a) Värm oljan på medelhög värme i en djup, tung panna.
b) Tillsätt spiskummin och koka tills fröna fräser, cirka 30 sekunder.
c) Tillsätt nordindisk tomatsoppafond, vatten, cashewkräm, brysselkål, chili, salt, garam masala, koriander och rött chilipulver.
d) Koka upp. Sänk värmen och låt puttra utan lock i 10 till 12 minuter tills brysselkålen mjuknar.
e) Garnera med koriander och servera över brunt eller vitt basmatiris eller med roti eller naan.

48. Rödbetor med senapsfrön och kokos

INGREDIENSER:
- 1 matsked olja
- 1 tsk svarta senapsfrön
- 1 medium gul eller röd lök, skalad och tärnad
- 2 tsk malen spiskummin
- 2 tsk mald koriander
- 1 tsk sydindisk masala
- 1 matsked osötad, strimlad kokos
- 5–6 små rödbetor, skalade och tärnade (3 koppar [408 g])
- 1 tsk grovt havssalt
- 1½ [356 ml] koppar vatten

INSTRUKTIONER:
a) Värm oljan på medelhög värme i en tjock panna.
b) Tillsätt senapsfröna och koka tills de fräser, cirka 30 sekunder.
c) Tillsätt löken och stek tills den är lite brun, ca 1 minut.
d) Tillsätt spiskummin, koriander, sydindisk masala och kokos. Koka i 1 minut.
e) Tillsätt rödbetorna och koka i 1 minut.
f) Tillsätt saltet och vattnet. Koka upp, sänk värmen, täck över och låt sjuda i 15 minuter.
g) Stäng av värmen och låt pannan sitta, täckt, i 5 minuter så att rätten kan absorbera alla smaker. Servera över brunt eller vitt basmatiris eller med roti eller naan.

49. Riven Masala Squash

INGREDIENSER:
- 2 matskedar olja
- 2 tsk spiskummin
- 2 tsk mald koriander
- 1 tsk gurkmejapulver
- 1 stor squash eller pumpa (alla typer av vinter- eller sommarsquash fungerar), skalad och riven (8 koppar [928 g])
- 1 (2 tum [5 cm]) bit ingefära rot, skalad och skuren i tändstickor (⅓ kopp [32 g])
- 1 tsk grovt havssalt
- 2 msk vatten Saft av 1 citron
- 2 msk hackad färsk koriander

INSTRUKTIONER:
a) Värm oljan på medelhög värme i en djup, tung panna.
b) Tillsätt spiskummin, koriander och gurkmeja. Koka tills fröna fräser, cirka 30 sekunder.
c) Tillsätt squash, ingefära, salt och vatten. Koka i 2 minuter och blanda väl.
d) Täck pannan och sänk värmen till medelhög låg. Koka i 8 minuter.
e) Tillsätt citronsaft och koriander. Servera med roti eller naan, eller gör som jag, och servera på en rostad engelsk muffins toppad med tunt skivade ringar av gul eller röd lök.

50. Cashew-fylld babyaubergine

INGREDIENSER:

- ½ kopp (69 g) råa cashewnötter
- 20 auberginer
- 2 msk olja, delad
- 1 tsk spiskummin
- 1 tsk korianderfrön
- 1 msk sesamfrön
- ½ tsk svarta senapsfrön
- ½ tsk fänkålsfrön
- ¼ tesked bockhornsklöver frön
- 1 stor gul eller röd lök, skalad och tärnad
- 1 bit ingefära, skalad och riven eller finhackad
- 4 vitlöksklyftor, skalade och grovt hackade
- 1–3 thailändsk, serrano eller cayenne chili, hackad
- 1 tsk gurkmejapulver
- 1 tsk riven jaggery (gur)
- 2 tsk garam masala
- 1 msk grovt havssalt
- 1 tsk rött chilepulver eller cayennepeppar
- 1 kopp (237 ml) vatten, uppdelat
- 2 msk hackad färsk koriander, till garnering

INSTRUKTIONER:

a) Blötlägg cashewnötterna i vatten medan du förbereder resten av ingredienserna.

b) Skär 2 vinkelräta skåror i varje aubergine från botten, arbeta mot stjälken och stanna innan du skär igenom auberginen. De bör förbli intakta. Du kommer att ha 4 sektioner när du är klar, sammanhållen av den gröna, träiga stammen. Lägg dem i en skål med vatten medan du förbereder resten av ingredienserna. Detta kommer att hjälpa till att öppna upp auberginema något så att du bättre kan fylla dem senare.

c) Värm 1 matsked olja på medelhög värme i en tjock panna.

d) Tillsätt spiskummin, koriander, sesam, senap, fänkål och bockhornsklöver. Koka tills fröna poppar något, cirka 30 sekunder. Överkoka inte detta – bockhornsklöver kan bli bitter.

e) Tillsätt lök, ingefära, vitlök och chili. Koka tills löken fått färg, ca 2 minuter.

f) Tillsätt gurkmeja, jaggery, garam masala, salt, röd chilipulver och avrunna cashewnötter. Koka i ytterligare 2 minuter tills det är väl blandat.

g) Överför denna blandning till en matberedare. Tillsätt ½ kopp (119 ml) av vattnet och bearbeta tills det är slätt. Ta din tid; du kan behöva stanna och skrapa ner sidorna.

h) Auberginerna är nu redo att fyllas! Håll en aubergine i ena handen och lägg cirka 1 matsked av blandningen i kärnan av auberginen, täck alla sidor.

i) Stäng försiktigt tillbaka auberginen och lägg den i en stor skål tills du är klar med att fylla alla aubergine.

j) Värm den återstående 1 msk olja i en stor, djup panna på medelhög värme. Tillsätt auberginerna försiktigt, en i taget. Tillsätt överbliven masala och resterande ½ kopp vatten och sänk värmen till medel-låg. Täck pannan och koka i 20 minuter, rör försiktigt då och då, var noga med att hålla auberginema intakta.

k) Stäng av värmen och låt auberginerna sitta i 5 minuter för att verkligen koka igenom och absorbera alla smaker. Garnera med koriander och servera över ris eller med roti eller naan.

51. Kryddad spenat med "Paneer"

INGREDIENSER:
- 2 matskedar olja
- 1 msk spiskummin
- 1 tsk gurkmejapulver
- 1 stor gul eller röd lök, skalad och tärnad
- 1 (2 tum [5 cm]) bit ingefära rot, skalad och riven eller finhackad
- 6 vitlöksklyftor, skalade och rivna eller hackade
- 2 stora tomater, hackade
- 1–2 thailändsk, serrano eller cayenne chili, hackad
- 2 msk tomatpuré
- 1 kopp (237 ml) vatten
- 1 msk mald koriander
- 1 msk garam masala
- 2 tsk grovt havssalt
- 12 koppar (360 g) tätt packad hackad färsk spenat
- 1 (14-ounce [397-g]) förpackning extra fast, ekologisk tofu, bakad och tärnad

INSTRUKTIONER:
a) Värm oljan på medelhög värme i en bred, tung panna.
b) Tillsätt spiskummin och gurkmeja och koka tills fröna fräser, cirka 30 sekunder.
c) Tillsätt löken och stek tills den är brun, ca 3 minuter, rör försiktigt så att den inte fastnar.
d) Tillsätt ingefära och vitlök. Koka i 2 minuter.
e) Tillsätt tomater, chili, tomatpuré, vatten, koriander, garam masala och salt. Sänk värmen och låt sjuda i 5 minuter.
f) Tillsätt spenaten. Du kan behöva göra detta i omgångar, lägga till mer när det vissnar. Det kommer att se ut som om du har alldeles för mycket spenat, men oroa dig inte. Det hela kommer att koka ner. Lita på mig!
g) Koka i 7 minuter tills spenaten vissnat och kokat ner. Mixa med en stavmixer eller i en traditionell mixer.
h) Tillsätt tofun och koka i ytterligare 2 till 3 minuter. Servera med roti eller naan.

52. Curried vintermelon

INGREDIENSER:
- 2 matskedar olja
- ½ tesked asafetida
- 1 tsk spiskummin
- ½ tsk gurkmejapulver
- 1 medium vintermelon, skinn kvar på, tärnad
- 1 medelstor tomat, tärnad

INSTRUKTIONER:

a) Värm oljan på medelhög värme i en djup, tung panna.

b) Tillsätt asafetida, spiskummin och gurkmeja och koka tills fröna fräser, cirka 30 sekunder.

c) Tillsätt vintermelonen. Koka i 3 minuter.

d) Tillsätt tomaten, sänk värmen till låg och täck delvis pannan. Koka i 15 minuter.

e) Stäng av värmen. Justera locket så att det täcker pannan helt och låt pannan stå i 10 minuter för att helt kombinera smaker.

53. Bockhornsklöver-spenat potatis

INGREDIENSER:

- 2 matskedar olja
- 1 tsk spiskummin
- 1 12-ounce paket fryst spenat
- 1½ dl torkade bockhornsklöverblad
- 1 stor potatis, skalad och tärnad
- 1 tsk grovt havssalt
- ½ tsk gurkmejapulver
- ¼ tesked rött chilepulver eller cayennepeppar
- ¼ kopp (59 ml) vatten

INSTRUKTIONER:

a) Värm oljan på medelhög värme i en tjock panna.
b) Tillsätt spiskummin och koka tills fröna fräser, cirka 30 sekunder.
c) Tillsätt spenaten och sänk värmen till medel-låg. Täck pannan och koka i 5 minuter.
d) Tillsätt bockhornsklöverbladen, blanda försiktigt, sätt tillbaka locket och koka i ytterligare 5 minuter.
e) Tillsätt potatis, salt, gurkmeja, röd chilipulver och vatten. Blanda försiktigt.
f) Sätt tillbaka locket och koka i 10 minuter.
g) Ta kastrullen från värmen och låt stå med lock på i ytterligare 5 minuter. Servera med roti eller naan.

54.Sprakande Okra

INGREDIENSER:
- 2 matskedar olja
- 1 tsk spiskummin
- 1 tsk gurkmejapulver
- 1 stor gul eller röd lök, skalad och mycket grovt hackad
- 1 bit ingefära, skalad och riven eller finhackad
- 3 vitlöksklyftor, skalade och hackade, hackade eller rivna
- 2 punds okra, tvättad, torkad, putsad och skuren
- 1–2 thailändsk, serrano eller cayenne chili, hackad
- ½ tsk mangopulver
- 1 tsk rött chilepulver eller cayennepeppar
- 1 tsk garam masala
- 2 tsk grovt havssalt

INSTRUKTIONER:
a) Värm oljan på medelhög värme i en djup, tung panna. Tillsätt spiskummin och gurkmeja. Koka tills fröna börjar fräsa, cirka 30 sekunder.
b) Tillsätt löken och stek tills den fått färg, 2 till 3 minuter. Detta är ett nyckelsteg för min okra. De stora, tjocka lökbitarna ska brynas överallt och karamelliseras något. Detta blir en läcker bas för den sista rätten.
c) Tillsätt ingefära och vitlök. Koka i 1 minut, rör om då och då.
d) Tillsätt okran och koka i 2 minuter, bara tills okran blir ljusgrön.
e) Tillsätt chili, mangopulver, rött chilipulver, garam masala och salt. Koka i 2 minuter, rör om då och då.
f) Sänk värmen till låg och täck pannan delvis. Koka i 7 minuter, rör om då och då.
g) Stäng av värmen och justera locket så att det täcker grytan helt. Låt det sitta i 3 till 5 minuter för att tillåta alla smaker att absorberas.
h) Garnera med koriander och servera med brunt eller vitt basmatiris, roti eller naan.

SALADER OCH SIDOR

55.Kryddig bönsallad

INGREDIENSER:
- 4 koppar kokta bönor (eller 2 [15-ounce] (426-g) burkar, avrunna och sköljda)
- 1 medelstor potatis, kokt och tärnad
- ½ medelstor rödlök, skalad och tärnad
- 1 medelstor tomat, tärnad
- 1 bit ingefära, skalad och riven eller finhackad
- 2–3 gröna thailändska, serrano- eller cayennechiles, hackade
- Saften av 1 citron
- 1 tsk svart salt (kala namak)
- 1 tsk Chaat Masala
- ½ tsk grovt havssalt
- ½-1 tsk rött chilepulver eller cayennepeppar
- ¼ kopp (4 g) hackad färsk koriander
- ¼ kopp (59 ml) tamarind-dadelchutney

INSTRUKTIONER:
a) Blanda ihop alla ingredienser utom tamarind-dadelchutneyn i en stor skål.
b) Fördela salladen mellan små serveringsskålar och toppa var och en med en matsked Tamarind-Date Chutney.

56. Mammas Mung Groddsallad

INGREDIENSER:
- 1 kopp (192 g) grodda hela gröna linser (sabut moong)
- 1 salladslök, hackad
- 1 liten tomat, hackad (½ kopp [80 g])
- ½ liten röd eller gul paprika, hackad (¼ kopp [38 g])
- 1 liten gurka, skalad och hackad
- 1 liten potatis, kokt, skalad och hackad
- 1 bit ingefära, skalad och riven eller finhackad
- 1–2 gröna thailändska, serrano- eller cayennechiles, hackade
- ¼ kopp (4 g) hackad färsk koriander
- Saft av ½ citron eller lime
- ½ tsk havssalt
- ½ tesked rött chilepulver eller cayennepepp
- ½ tesked olja

INSTRUKTIONER:
a) Blanda alla ingredienser och blanda väl. Servera som en sallad eller som ett snabbt, hälsosamt, proteinrikt mellanmål.
b) Fyll i en pitabröd med en hackad avokado för en snabb lunch.

57.Kikärts Popper Street Sallad

INGREDIENSER:
- 4 koppar (948 ml) Kikärts Poppers tillagad med valfri masala
- 1 medium gul eller röd lök, skalad och tärnad
- 1 stor tomat, tärnad
- Saften av 2 citroner
- ½ kopp (8 g) hackad färsk koriander
- 2–4 gröna thai-, serrano- eller cayennechiles, hackade
- 1 tsk grovt havssalt
- 1 tsk svart salt (kala namak)
- 1 tsk rött chilepulver eller cayennepeppar
- 1 tsk Chaat Masala
- ½ kopp (119 ml) Mintchutney
- ½ kopp (119 ml) tamarind-dadelchutney
- 1 kopp (237 ml) sojayoghurt Raita

INSTRUKTIONER:
a) Blanda ihop kikärtspoppers, lök, tomat, citronsaft, koriander, chili, havssalt, svart salt, rött chilipulver och Chaat Masala i en djup skål.
b) Fördela blandningen mellan individuella serveringsskålar.
c) Toppa varje skål med varsin matsked Mint och Tamarind-Date Chutneys och Soy Yoghurt Raita. Servera omedelbart.

58.Street majssallad

INGREDIENSER:
- 4 ax majs, skalade och rengjorda
- Saften av 1 medelstor citron
- 1 tsk grovt havssalt
- 1 tsk svart salt (kala namak)
- 1 tsk Chaat Masala
- 1 tsk rött chilepulver eller cayennepeppar

INSTRUKTIONER:
a) Rosta majsen tills den är lite förkolnad.
b) Ta bort kärnorna från majsen.
c) Lägg majskärnorna i en skål och blanda i alla övriga ingredienser. Servera omedelbart.

59. Knäckig morotssallad

INGREDIENSER:

- ½ kopp (96 g) delade och skalade gröna linser
- 5 koppar (550 g) skalade och rivna morötter
- 1 medium daikon, skalad och riven
- ¼ kopp (40 g) råa jordnötter, torrrostade
- ¼ kopp (4 g) finhackad färsk koriander
- Saften av 1 medelstor citron
- 2 tsk grovt havssalt
- ½ tesked rött chilepulver eller cayennepepp
- 1 matsked olja
- 1 hög tsk svarta senapsfrön
- 6–7 curryblad, grovt hackade
- 1–2 gröna thailändska, serrano- eller cayennechiles, hackade

INSTRUKTIONER:

a) Blötlägg linserna i kokt vatten i 20 till 25 minuter, tills de är al dente. Dränera.

b) Lägg morötter och daikon i en djup skål.

c) Tillsätt de avrunna linserna, jordnötterna, koriander, citronsaft, salt och rött chilipulver.

d) Värm oljan på medelhög värme i en grund, tung panna.

e) Tillsätt senapsfröna. Täck pannan (så att de inte hoppar ut och bränner dig) och koka tills fröna fräser, cirka 30 sekunder.

f) Tillsätt försiktigt curryblad och grön chili.

g) Häll denna blandning över salladen och blanda väl. Servera omedelbart, eller kyl innan servering.

60.Granatäpple Chaat

INGREDIENSER:
- 2 stora granatäpplen, kärnorna borttagna (3 koppar [522 g])
- ½–1 tsk svart salt (kala namak)

INSTRUKTIONER:
a) Blanda fröna med det svarta saltet.
b) Njut omedelbart, eller ställ i kylen i upp till en vecka.

61. Masala fruktsallad

INGREDIENSER:

- 1 medelmogen cantaloupe, skalad och tärnad (7 koppar [1,09 kg])
- 3 medelstora bananer, skalade och skivade
- 1 kopp (100 g) kärnfria druvor
- 2 medelstora päron, urkärnade och tärnade
- 2 små äpplen, kärnade ur och tärnade (1 kopp [300 g])
- Saft av 1 citron eller lime
- ½ tsk grovt havssalt
- ½ tesked Chaat Masala
- ½ tesked svart salt (kala namak)
- ½ tesked rött chilepulver eller cayennepepp

INSTRUKTIONER:

a) Blanda försiktigt ihop alla ingredienser i en stor skål.

b) Servera omedelbart den traditionella gatumaten, i små skålar med tandpetare.

62. Varm nordindisk sallad

INGREDIENSER:

- 1 matsked olja
- 1 tsk spiskummin
- ½ tsk gurkmejapulver
- 1 medelstor gul eller röd lök, skalad och hackad
- 1 bit ingefära, skalad och skivad i tändstickor
- 2 vitlöksklyftor, skalade och rivna
- 1–2 gröna thai-, serrano- eller cayenne-chiles
- 2 koppar (396 g) kokta hela bönor eller linser
- 1 tsk grovt havssalt
- ½ tesked rött chilepulver eller cayennepepp
- ½ tesked svart salt (kala namak)
- ¼ kopp (4 g) hackad färsk koriander

INSTRUKTIONER:

a) Värm oljan på medelhög värme i en djup, tung panna.

b) Tillsätt spiskummin och gurkmeja. Koka tills fröna fräser, cirka 30 sekunder.

c) Tillsätt lök, ingefära, vitlök och chili. Koka tills de fått färg, ca 2 minuter.

d) Tillsätt bönorna eller linserna. Koka ytterligare 2 minuter.

e) Tillsätt havssalt, chilipulver, svart salt och koriander. Blanda väl och servera.

63. Kall indisk Street Salad

INGREDIENSER:
- 4 dl kokta hela bönor eller linser
- 1 medelstor rödlök, skalad och tärnad
- 1 medelstor tomat, tärnad
- 1 liten gurka, skalad och tärnad
- 1 medium daikon, skalad och riven
- 1–2 gröna thailändska, serrano- eller cayennechiles, hackade
- ¼ kopp (4 g) malet färsk koriander, malet
- Saften av 1 stor citron
- 1 tsk grovt havssalt
- ½ tesked svart salt (kala namak)
- ½ tesked Chaat Masala
- ½ tesked rött chilepulver eller cayennepepp
- 1 tsk färsk vit gurkmeja, skalad och riven (valfritt)

INSTRUKTIONER:
a) Blanda alla ingredienser i en djup skål.
b) Servera omedelbart som en sidosallad eller inlindad i ett salladsblad.

64. Apelsinsallad

INGREDIENSER:
- 3 medelstora apelsiner, skalade, kärnade och tärnade (3 koppar [450 g])
- 1 liten gul eller röd lök, skalad och finhackad
- 10–12 svarta Kalamata-oliver, urkärnade och grovt hackade
- ¼ kopp (4 g) hackad färsk koriander
- Saften av 2 medelstora limefrukter
- ½ tsk grovt havssalt
- ½ tesked svart salt (kala namak)
- ½ tsk garam masala
- ½ tesked mald svartpeppar
- ¼ tesked rött chilepulver eller cayennepeppar

INSTRUKTIONER:
a) Blanda försiktigt ihop alla ingredienser.
b) Kyl i minst 30 minuter innan servering.

SOPPAR

65. Nordindisk tomatsoppa

INGREDIENSER:

- 2 tsk olja
- 1 hög tsk spiskummin
- ½ tsk gurkmejapulver
- 4 medelstora tomater, skalade och grovt hackade
- 1 bit ingefära, skalad och riven eller finhackad
- 3 vitlöksklyftor, skalade och hackade
- 1–2 gröna thailändska, serrano- eller cayennechiles, hackade
- ¼ kopp (4 g) hackad färsk koriander
- ½ tesked rött chilepulver eller cayennepepp
- 4 koppar (948 ml) vatten
- 1 tsk grovt havssalt
- ½ tesked mald svartpeppar
- Saft av ½ lime
- 2 msk näringsjäst
- Krutonger, till garnering

INSTRUKTIONER:

a) Värm oljan på medelhög värme i en stor soppgryta.
b) Tillsätt spiskummin och gurkmeja och koka tills fröna fräser, cirka 30 sekunder.
c) Tillsätt tomater, ingefära, vitlök, chili, koriander, rött chilipulver och vatten. Koka upp.
d) Sänk värmen till medel-låg värme och låt sjuda i cirka 15 minuter. När tomaterna är mjuka, bearbeta med en stavmixer tills de är jämna.
e) Tillsätt salt, svartpeppar, limejuice och näringsjäst om du använder det. Blanda väl och servera rykande het, garnerad med krutonger. Gör detta till en minimåltid genom att lägga till en matsked kokt brunt eller vitt basmatiris i varje kopp innan servering.

66.Ingefära sojamjölksoppa

INGREDIENSER:
- 2 koppar vanlig osötad sojamjölk
- ¼ kopp (59 ml) Adarak Masala
- ½ tsk grovt havssalt
- ½ tesked rött chilepulver eller cayennepepp
- 1–3 gröna thai-, serrano- eller cayennechiles, hackade
- ½ kopp (119 ml) vatten (valfritt)
- ¼ kopp (4 g) hackad färsk koriander

INSTRUKTIONER:

a) Koka upp sojamjölken lätt i en kastrull på medelhög värme.

b) Tillsätt Adarak Masala, salt, rött chilipulver, grön chili och vatten (om du använder).

c) Koka upp, tillsätt koriander och servera med tjock roti eller naan.

67. Seitan Mulligatawny Soppa

INGREDIENSER:
- 1 kopp (192 g) torkade röda delade (bruna) linser (masoor dal), rengjorda och tvättade
- 8 koppar (1,90 L) vatten
- 1 medelstor lök, skalad och grovt hackad
- 2 medelstora tomater, skalade och grovt hackade (1 rågad kopp [160 g])
- 1 liten potatis, skalad och tärnad
- 1 msk hela svartpepparkorn
- 1 tsk gurkmejapulver
- 1 (8-ounce [227-g]) förpackning vanlig seitan, avrunnen och skuren i små bitar (2 koppar)
- 2 tsk grovt havssalt
- 1 tsk mald svartpeppar
- 1 matsked gram (kikärter) mjöl (besan)
- 3 matskedar olja
- 3 matskedar ingefära-vitlökspasta
- 2 tsk malen spiskummin
- 2 tsk mald koriander
- 1 tsk rött chilepulver eller cayennepeppar
- Saften av 1 citron

INSTRUKTIONER:

a) Lägg linser, vatten, lök, tomater, potatis, pepparkorn och gurkmeja i en stor, tung soppgryta. Koka upp på medelhög värme och sänk sedan värmen till en sjud.

b) Koka delvis täckt i 20 minuter.

c) Blanda under tiden seitan, salt och mald svartpeppar.

d) När soppan är klar, mixa den tills den är slät antingen med en stavmixer, en vanlig mixer eller en mer kraftfull mixer. Blanda i omgångar om det behövs.

e) Strö seitan lätt med grammjöl.

f) Värm oljan på medelhög värme i en liten stekpanna.

g) Tillsätt ingefära-vitlökspasta och fräs i 1 till 2 minuter. (Ha ett lock till hands, oljan kan stänka. Fortsätt röra och sänk värmen om det behövs.)

h) Tillsätt spiskummin, koriander och röd chilipulver och rör om i 1 minut.

i) Tillsätt seitanblandningen och koka i ytterligare 3 minuter, tills den fått lite färg.

j) Tillsätt denna blandning till soppan och låt koka upp.

k) Tillsätt citronsaften.

l) Servera rykande het, i skålar. Du kan också lägga till en matsked kokt ris i varje skål innan du lägger till soppan för extra konsistens.

68.Kryddad grön soppa

INGREDIENSER:
- 2 matskedar olja
- 1 tsk spiskummin
- 2 kassiablad
- 1 medelstor gul lök, skalad och grovt hackad
- 1 bit ingefära, skalad och riven eller finhackad
- 10 vitlöksklyftor, skalade och grovt hackade
- 1 liten potatis, skalad och grovt hackad
- 1–2 gröna thailändska, serrano- eller cayennechiles, hackade
- 2 koppar (290 g) ärtor, färska eller frysta
- 2 koppar (60 g) packade hackade grönsaker
- 6 dl vatten
- ½ kopp (8 g) hackad färsk koriander
- 2 tsk grovt havssalt
- ½ tsk mald koriander
- ½ tsk rostad malen spiskummin
- Saften av ½ citron
- Krutonger, till garnering

INSTRUKTIONER:
a) Värm oljan på medelhög värme i en djup, tung soppgryta.
b) Tillsätt spiskummin och kassiabladen och värm tills fröna fräser, cirka 30 sekunder.
c) Tillsätt lök, ingefära och vitlök. Koka i ytterligare 2 minuter, blanda då och då.
d) Tillsätt potatisen och koka i ytterligare 2 minuter.
e) Tillsätt chili, ärtor och grönsaker. Koka 1 till 2 minuter tills grönsakerna har vissnat.
f) Tillsätt vattnet. Koka upp, sänk värmen och låt puttra utan lock i 5 minuter.
g) Tillsätt koriandern.
h) Ta bort kassia eller lagerblad och mixa med en stavmixer.
i) Lägg tillbaka soppan i grytan. Tillsätt salt, koriander och malen spiskummin. Låt soppan koka upp. Tillsätt citronsaften.

69. Sydindisk tomat- och tamarindsoppa

INGREDIENSER:
- ½ kopp (96 g) torkade delade och flådda duvärtor (toor dal), rengjorda och tvättade
- 4 medelstora tomater, skalade och grovt hackade (4 koppar [640 g])
- 1 bit ingefära, skalad och riven eller finhackad
- 2 tsk grovt havssalt
- 1 tsk gurkmejapulver
- 1 kopp (237 ml) tamarindjuice
- 2 msk Rasampulver
- 7 koppar (1,66 L) vatten
- 1 matsked olja
- 1 tsk svarta senapsfrön
- 1 tsk spiskummin
- 15–20 curryblad, grovt hackade
- 1 hög matsked hackad färsk koriander, till garnering
- Citronklyftor, till garnering

INSTRUKTIONER:

a) Lägg duvärter, tomater, ingefära, salt, gurkmeja, tamarindjuice, rasampulver och vatten i långsamkokaren. Koka på hög i 3½ timme.

b) Mixa med en stavmixer, i en traditionell mixer eller i en kraftfull mixer.

c) Under tiden gör du tempereringen (tarka) på spishällen. Värm oljan på medelhög värme i en sautépanna. Tillsätt senap och spiskummin och koka tills blandningen fräser, cirka 30 sekunder. Tillsätt curryblade och koka tills bladen blir lite bruna och börjar rulla sig. Var noga med att blanda då och då så att kryddorna inte bränns. Efter 1 till 2 minuter lägger du den varma blandningen i långsamkokaren.

d) Koka soppan i ytterligare 30 minuter och servera genast, garnerad med koriander och en citronklyfta.

70.Kryddad linssoppa (Masoor Dal-soppa)

INGREDIENSER:
- 1 kopp röda linser (masoor dal), tvättade och blötlagda
- 1 lök, finhackad
- 1 tomat, hackad
- 1 morot, tärnad
- 1 stjälkselleri, hackad
- 2 vitloksklyftor, hackade
- 1-tums ingefära, riven
- 1 tsk spiskummin
- 1 tsk gurkmejapulver
- 1 tsk korianderpulver
- 1/2 tsk rött chilipulver
- Salt att smaka
- 4 dl grönsaks- eller kycklingbuljong
- Färska korianderblad till garnering

INSTRUKTIONER:
a) Värm olja i en kastrull och tillsätt spiskummin. När de spritter, tillsätt hackad lök, vitlök och ingefära.
b) Fräs tills löken är genomskinlig, tillsätt sedan hackade tomater, gurkmejapulver, korianderpulver och rött chilipulver.
c) Tillsätt blötlagda linser, tärnade morötter, selleri och salt. Blanda väl.
d) Häll i buljongen och låt soppan koka upp. Sjud tills linser och grönsaker är mjuka.
e) Garnera med färska korianderblad före servering.

71.Tomatsoppa och spiskummin

INGREDIENSER:
- 4 stora tomater, hackade
- 1 lök, hackad
- 2 vitlöksklyftor, hackade
- 1 tsk spiskummin
- 1/2 tsk rött chilipulver
- 1/2 tsk socker
- Salt att smaka
- 4 dl grönsaksbuljong
- Färska korianderblad till garnering

INSTRUKTIONER:
a) Värm olja i en kastrull och tillsätt spiskummin. När de spritter, tillsätt hackad lök och vitlök.
b) Fräs tills löken är gyllenbrun, tillsätt sedan hackade tomater, röd chilipulver, socker och salt.
c) Koka tills tomaterna är mjuka och mjuka.
d) Häll i grönsaksbuljongen och låt soppan koka upp.
e) Garnera med färska korianderblad före servering.

72.Kryddad pumpasoppa

INGREDIENSER:

- 2 dl pumpa, tärnad
- 1 lök, hackad
- 2 vitlöksklyftor, hackade
- 1-tums ingefära, riven
- 1 tsk spiskummin
- 1/2 tsk korianderpulver
- 1/2 tsk kanelpulver
- Nypa muskotnöt
- Salta och peppra efter smak
- 4 dl grönsaksbuljong
- 1/2 kopp kokosmjölk
- Färsk koriander till garnering

INSTRUKTIONER:

a) Värm olja i en kastrull och tillsätt spiskummin. När de spritter, tillsätt hackad lök, vitlök och ingefära.
b) Fräs tills löken är genomskinlig, tillsätt sedan tärnad pumpa, korianderpulver, kanelpulver, muskotnöt, salt och peppar.
c) Koka i några minuter, häll sedan i grönsaksbuljongen och låt puttra tills pumpan är mjuk.
d) Mixa soppan tills den är slät, lägg tillbaka den i grytan och rör ner kokosmjölken.
e) Garnera med färsk koriander innan servering.

73.Kryddig tomat Rasam

INGREDIENSER:

- 2 stora tomater, hackade
- 1/2 kopp tamarindextrakt
- 1 tsk senapsfrön
- 1 tsk spiskummin
- 1/2 tsk svartpeppar
- 1/2 tsk gurkmejapulver
- 1/2 tsk rasam pulver
- Nypa asafoetida (hing)
- currylöv
- Korianderblad till garnering
- Salt att smaka

INSTRUKTIONER:

a) Värm olja i en kastrull och tillsätt senapsfrön. När de spritter, tillsätt spiskummin, svartpeppar och curryblad.
b) Tillsätt hackade tomater, gurkmejapulver, rasampulver, asafoetida och salt. Koka tills tomaterna är mjuka.
c) Häll i tamarindextrakt och låt rasamen koka upp. Sjud i några minuter.
d) Garnera med korianderblad innan servering.

74.Koriander och myntasoppa

INGREDIENSER:
- 1 dl färska korianderblad
- 1/2 kopp färska myntablad
- 1 lök, hackad
- 2 vitlöksklyftor, hackade
- 1 tsk spiskummin
- 1/2 tsk korianderpulver
- 1/2 tsk svartpeppar
- 4 dl grönsaksbuljong
- Salt att smaka
- Citronklyftor till servering

INSTRUKTIONER:
a) Värm olja i en kastrull och tillsätt spiskummin. När de spritter, tillsätt hackad lök och vitlök.
b) Fräs tills löken är genomskinlig, tillsätt sedan färska korianderblad, myntablad, korianderpulver, svartpeppar och salt.
c) Koka i några minuter, häll sedan i grönsaksbuljongen och låt puttra tills örterna är mjuka.
d) Mixa soppan tills den är slät, lägg tillbaka den i grytan och krydda om det behövs.
e) Servera med en skvätt citron.

KARRIER

75. Pumpa Curry med kryddiga frön

INGREDIENSER:
- 3 dl pumpa – hackad i 1–2 cm bitar
- 2 matskedar olja
- ½ matsked senapsfrön
- ½ matsked spiskummin
- Nyp asafetida
- 5-6 curryblad
- ¼ matsked bockhornsklöver frön
- 1/4 matsked fänkålsfrön
- 1/2 msk riven ingefära
- 1 matsked tamarindpasta
- 2 msk – torr, mald kokos
- 2 msk rostade jordnötter
- Salt och farinsocker eller jaggery efter smak
- Färska korianderblad

INSTRUKTIONER:
a) Hetta upp oljan och tillsätt senapsfröna. När de poppar tillsätt spiskummin, bockhornsklöver, asafetida, ingefära, curryblad och fänkål. Koka i 30 sekunder.
b) Tillsätt pumpa och salt. Tillsätt tamarindpastan eller vatten med fruktkött inuti. Tillsätt jaggery eller farinsocker. Tillsätt mald kokos och jordnötspulver. Koka ytterligare några minuter. Tillsätt färsk hackad koriander.

76.Tamarind fisk curry

INGREDIENSER:

- 1 1/2 pund, sik, skuren i bitar
- 3/4 tsk och 1/2 tsk gurkmejapulver
- 2 tsk tamarindmassa, blötlagd i 1/4 kopp varmt vatten i 10 minuter
- 3 matskedar vegetabilisk olja
- 1/2 tsk svarta senapsfrön
- 1/4 tsk bockhornsklöver frön
- 8 färska curryblad
- stor lök, finhackad
- Serrano grön chili, kärnade och malda
- små tomater, hackade
- 2 torkade röda chili, grovt bankade
- 1 tsk korianderfrön, grovt stansade
- 1/2 kopp osötad torkad kokosnöt
- Bordssalt, efter smak
- 1 kopp vatten

INSTRUKTIONER:

a) Lägg fisken i en skål. Gnid in väl med 3/4 tsk gurkmeja och ställ åt sidan i cirka 10 minuter. Skölj och klappa torrt.
b) Sila av tamarinden och ställ vätskan åt sidan. Kassera resten.
c) Värm vegetabilisk olja i en stor stekpanna. Tillsätt senapsfröna och bockhornsklöverfrön. När de börjar spritsa, tillsätt curryblad, lök och grön chili. Fräs i 7 till 8 minuter eller tills löken är väl brynt.
d) Tillsätt tomaterna och koka i ytterligare 8 minuter eller tills oljan börjar separera från sidorna av blandningen. Tillsätt den återstående 1/2 tsk gurkmeja, röd chili, korianderfrön, kokos och salt; blanda väl och koka i ytterligare 30 sekunder.
e) Tillsätt vattnet och den silade tamarinden; koka upp. Sänk värmen och tillsätt fisken. Koka på låg värme i 10 till 15 minuter eller tills fisken är helt genomstekt. Servera varm.

77.Lax i curry med saffranssmak

INGREDIENSER:
- 4 matskedar vegetabilisk olja
- 1 stor lök, finhackad
- tesked ingefära-vitlökspasta
- 1/2 tsk rött chilipulver
- 1/4 tsk gurkmejapulver
- teskedar korianderpulver
- Bordssalt, efter smak
- 1-kilos lax, urbenad och kubad
- 1/2 dl vanlig yoghurt, vispad
- 1 tsk rostad saffran

INSTRUKTIONER:
a) Värm den vegetabiliska oljan i en stor nonstick-panna. Tillsätt löken och fräs i 3 till 4 minuter eller tills den är genomskinlig. Tillsätt ingefära-vitlökspasta och fräs i 1 minut.

b) Tillsätt röd chilipulver, gurkmeja, koriander och salt; blanda väl. Tillsätt laxen och fräs i 3 till 4 minuter. Tillsätt yoghurten och sänk värmen. Sjud tills laxen har kokat igenom. Tillsätt saffran och blanda väl. Koka i 1 minut. Servera varm.

78. Okra Curry

INGREDIENSER:
- 250g okra (ladies finger) – skär i bitar på en cm
- 2 msk riven ingefära
- 1 msk senapsfrön
- 1/2 msk spiskumminfrön
- 2 matskedar olja
- Salt att smaka
- Nyp asafetida
- 2-3 msk rostat jordnötspulver
- Korianderlöv

INSTRUKTIONER:
a) Hetta upp oljan och tillsätt senapsfröna. När de poppar tillsätt spiskummin, asafetida och ingefära. Koka i 30 sekunder.
b) Tillsätt okra och salt och rör om tills det är kokt. Tillsätt jordnötspulvret, koka i ytterligare 30 sekunder.
c) Servera med korianderblad.

79. Vegetabilisk kokos curry

INGREDIENSER:

- 2 medelstora potatisar, skurna i tärningar
- 1 1/2 dl blomkål – skär i buketter
- 3 tomater r hackade i stora bitar
- 1 matsked olja
- 1 msk senapsfrön
- 1 msk spiskummin
- 5-6 curryblad
- Nyp gurkmeja – valfritt
- 1 msk riven ingefära
- Färska korianderblad
- Salt att smaka
- Färsk eller torkad kokos – strimlad

INSTRUKTIONER:

a) Hetta upp oljan och tillsätt sedan senapsfröna. När de poppar tillsätt de återstående kryddorna och koka i 30 sekunder.

b) Tillsätt blomkålen, tomaten och potatisen plus lite vatten, täck över och låt sjuda, rör om då och då tills det är kokt. Det bör finnas lite vätska kvar. Vill du ha en torr curry så stek några minuter tills vattnet har avdunstat.

c) Tillsätt kokos, salt och korianderblad.

80. Grundläggande grönsakscurry

INGREDIENSER:

- 250 g grönsaker - hackade
- 1 tsk olja
- ½ tsk senapsfrön
- ½ tesked spiskummin
- Nyp asafetida
- 4-5 curryblad
- ¼ tesked gurkmeja
- ½ tsk korianderpulver
- Nyp chilipulver
- Riven ingefära
- Färska korianderblad
- Socker / jaggery och salt efter smak
- Färsk eller torkad kokos

INSTRUKTIONER:

a) Skär grönsaker i små bitar (1–2 cm) beroende på grönsak.

b) Hetta upp oljan och tillsätt sedan senapsfröna. När de poppar tillsätt spiskummin, ingefära och resterande kryddor.

c) Tillsätt grönsakerna och koka upp. Vid det här laget kanske du vill steka grönsakerna tills de är kokta eller tillsätt lite vatten, täck grytan och låt puttra.

d) När grönsakerna är kokta tillsätt eventuellt socker, salt, kokos och koriander.

81.Kål Curry

INGREDIENSER:
- 3 dl kål - strimlad
- 1 tsk olja
- 1 tsk senapsfrön
- 1 tsk spiskummin
- 4-5 curryblad
- Nyp gurkmeja r valfritt
- 1 tsk riven ingefära
- Färska korianderblad
- Salt för smak
- Valfritt – ½ kopp gröna ärtor

INSTRUKTIONER:

a) Hetta upp oljan och tillsätt sedan senapsfröna. När de poppar tillsätt de återstående kryddorna och koka i 30 sekunder.

b) Tillsätt kålen och andra grönsaker om du använder, rör om då och då tills den är genomkokt. Vid behov kan vatten tillsättas.

c) Tillsätt salt efter smak och korianderblad.

82.Blomkålscurry

INGREDIENSER:
- 3 dl blomkål – skär i buketter
- 2 tomater – hackade
- 1 tsk olja
- 1 tsk senapsfrön
- 1 tsk spiskummin
- Nyp gurkmeja
- 1 tsk riven ingefära
- Färska korianderblad
- Salt att smaka
- Färsk eller torkad kokos – strimlad

INSTRUKTIONER:
a) Hetta upp oljan och tillsätt sedan senapsfröna. När de poppar tillsätt de återstående kryddorna och koka i 30 sekunder. Om du använder, tillsätt tomaterna nu och koka i 5 minuter.

b) Tillsätt blomkålen och lite vatten, täck över och låt sjuda, rör om då och då tills det är genomstekt. Önskas en torrare curry, så under de sista minuterna ta av locket och stek. Tillsätt kokos under de sista minuterna.

83. Blomkål och potatiscurry

INGREDIENSER:
- 2 dl blomkål – skär i buketter
- 2 medelstora potatisar, skurna i tärningar
- 1 tsk olja
- 1 tsk senapsfrön
- 1 tsk spiskummin
- 5-6 curryblad
- Nyp gurkmeja – valfritt
- 1 tsk riven ingefära
- Färska korianderblad
- Salt att smaka
- Färsk eller torkad kokos – strimlad
- Citronsaft - efter smak

INSTRUKTIONER:
a) Hetta upp oljan och tillsätt sedan senapsfröna. När de poppar tillsätt de återstående kryddorna och koka i 30 sekunder.
b) Tillsätt blomkål och potatis plus lite vatten, täck över och låt sjuda, rör om då och då tills det nästan är kokt.
c) Ta av locket och stek tills grönsakerna är kokta och vattnet avdunstat.
d) Tillsätt kokos, salt, korianderblad och citronsaft.

84. Blandad grönsaks- och linscurry

INGREDIENSER:
- ¼ kopp toor eller mung dal
- ½ kopp grönsaker – skivade
- 1 kopp vatten
- 2 tsk olja
- ½ tesked spiskummin
- ½ tesked riven ingefära
- 5-6 curryblad
- 2 tomater – hackade
- Citron eller tamarind efter smak
- Jaggery efter smak
- ½ salt eller efter smak
- Sambhar masala
- Korianderlöv
- Färsk eller torkad kokos

INSTRUKTIONER:

a) Koka ihop tor dal och grönsaker i en tryckkokare 15–20 minuter (1 visselpipa) eller i en kastrull.

b) Värm olja i en separat panna och tillsätt spiskummin, ingefära och curryblad. Tillsätt tomater och koka 3-4 minuter.

c) Tillsätt sambhar masala-blandningen och grönsaksblandningen.

d) Koka ihop i en minut och tillsätt sedan tamarind eller citron, jaggery och salt. Koka i ytterligare 2-3 minuter. Garnera med kokos och koriander

85.Potatis, blomkål och tomatcurry

INGREDIENSER:
- 2 medelstora potatisar, skurna i tärningar
- 1 1/2 dl blomkål, skuren i buketter
- 3 tomater r hackade i stora bitar
- 1 tsk olja
- 1 tsk senapsfrön
- 1 tsk spiskummin
- 5-6 curryblad
- Nyp gurkmeja – valfritt
- 1 tsk riven ingefära
- Färska korianderblad
- Färsk eller torkad kokos – strimlad

INSTRUKTIONER:

a) Hetta upp oljan och tillsätt sedan senapsfröna. När de poppar tillsätt de återstående kryddorna och koka i 30 sekunder.

b) Tillsätt blomkålen, tomaten och potatisen plus lite vatten, täck över och låt sjuda, rör om då och då tills det är kokt. Tillsätt kokos, salt och korianderblad.

86. Pumpa Curry

INGREDIENSER:

- 3 dl pumpa – hackad i 1–2 cm bitar
- 2 tsk olja
- ½ tsk senapsfrön
- ½ tesked spiskummin
- Nyp asafetida
- 5-6 curryblad
- ¼ tesked bockhornsklöver frön
- 1/4 tsk fänkålsfrön
- 1/2 tsk riven ingefära
- 1 tsk tamarindpasta
- 2 msk – torr, mald kokos
- 2 msk rostade jordnötter
- Salt och farinsocker eller jaggery efter smak
- Färska korianderblad

INSTRUKTIONER:

a) Hetta upp oljan och tillsätt senapsfröna. När de poppar tillsätt spiskummin, bockhornsklöver, asafetida, ingefära, curryblad och fänkål. Koka i 30 sekunder.
b) Tillsätt pumpa och salt.
c) Tillsätt tamarindpastan eller vatten med fruktkött inuti. Tillsätt jaggery eller farinsocker.
d) Tillsätt mald kokos och jordnötspulver. Koka ytterligare några minuter.
e) Tillsätt färsk hackad koriander.

87. Woka i grönsaker

INGREDIENSER:
- 3 koppar hackade grönsaker
- 2 tsk riven ingefära
- 1 tsk olja
- ¼ tesked asafetida
- 1 msk sojasås
- Färska kryddor

INSTRUKTIONER:
a) Hetta upp oljan i en panna. Tillsätt asafetida och ingefära. Stek i 30 sekunder.
b) Tillsätt de grönsaker som behöver koka längst som potatis och morot. Stek i en minut och tillsätt sedan lite vatten, täck över och låt sjuda tills det är halvkokt.
c) Tillsätt resterande grönsaker som tomat, majs och grön paprika. Tillsätt soja, socker och salt. Täck över och låt sjuda tills nästan kokat.
d) Ta av locket och fräs ytterligare några minuter.
e) Tillsätt de färska örterna och låt det stå några minuter så att örterna blandas med grönsakerna.

88. Tomat Curry

INGREDIENSER:

- 250 gram tomater - hackade i en tums bitar
- 1 tsk olja
- ½ tsk senapsfrön
- ½ tesked spiskummin
- 4-5 curryblad
- Nyp gurkmeja
- Nyp asafetida
- 1 tsk riven ingefära
- 1 potatis – kokt och mosad – valfritt – för att tjockna
- 1 till 2 matskedar rostat jordnötspulver
- 1 matsked torr kokos – valfritt
- Socker och salt för smak
- Korianderlöv

INSTRUKTIONER:

a) Hetta upp oljan och tillsätt senapsfröna. När de poppar tillsätt kummin, curryblad, gurkmeja, asafetida och ingefära. Koka i 30 sekunder.

b) Tillsätt tomaten och fortsätt att röra då och då tills den är kokt. Vatten kan tillsättas för en mer flytande curry.

c) Tillsätt det rostade jordnötspulvret, sockret, saltet och kokosnöten om du använder det, plus potatismos. Koka i ytterligare en minut. Servera med färska korianderblad.

89. Vit kalebass curry

INGREDIENSER:
- 250 g ra ms vita kalebass
- 1 tsk olja
- ½ tsk senapsfrön
- ½ tesked spiskummin
- 4-5 curryblad
- Nyp gurkmeja
- Nyp asafetida
- 1 tsk riven ingefära
- 1 till 2 matskedar rostat jordnötspulver
- Farinsocker och salt efter smak

INSTRUKTIONER:

a) Hetta upp oljan och tillsätt senapsfröna. När de poppar tillsätt kummin, curryblad, gurkmeja, asafetida och ingefära. Koka i 30 sekunder.

b) Tillsätt den vita pumpan, lite vatten, täck och låt sjuda, rör om då och då tills den är kokt.

c) Tillsätt det rostade jordnötspulvret, sockret och saltet och koka ytterligare en minut.

EFTERRÄTT

90. Chai Latte Cupcakes

INGREDIENSER:
FÖR CHAI KRYDDMIXEN:
- 2 och ½ tsk mald kanel
- 1 och ¼ tsk mald ingefära
- 1 och ¼ tsk mald kardemumma
- ½ tsk mald kryddpeppar

FÖR CUPCAKES:
- 1 påse chai te
- ½ kopp (120 ml) helmjölk i rumstemperatur
- 1 och ¾ koppar (207 g) kakmjöl (sked och jämnt)
- 3 och ½ tsk chai kryddblandning (ovan)
- ¾ tesked bakpulver
- ¼ tesked bakpulver
- ¼ tesked salt
- ½ kopp osaltat smör, mjukat
- 1 kopp strösocker
- 3 stora äggvitor, i rumstemperatur
- 2 tsk rent vaniljextrakt
- ½ kopp gräddfil eller vanlig yoghurt, i rumstemperatur

FÖR CHAI SPICE SMÖRKRÄMEN:
- 1 och ½ dl osaltat smör, mjukat
- 5,5 – 6 dl konditorsocker
- 2 tsk chai kryddblandning, uppdelad
- ¼ kopp tung grädde
- 2 tsk rent vaniljextrakt
- En nypa salt

VALFRITT FÖR GARNERING:
- Kanelstänger

INSTRUKTIONER:
FÖRBERED KRYDDMIXEN CHAI:
a) Kombinera alla chai kryddor för att skapa kryddblandningen. Du behöver 5 och ½ teskedar totalt för cupcakesmeten, smörkrämen och garneringen.
b) Värm mjölk tills den är varm (men inte kokande), häll den sedan över chai-tepåsen. Låt det dra i 20-30 minuter. Se till att chaimjölken är i rumstemperatur innan du använder den i cupcakesmeten. Detta kan förberedas dagen innan och kylas.

c) Värm ugnen till 350°F (177°C) och klä en muffinsform med muffinsfodral. Förbered en andra panna med 2-3 liners som detta recept

GÖR CUPCAKES:

d) I en separat skål, vispa ihop kakmjöl, 3 och ½ teskedar chai kryddblandning, bakpulver, bakpulver och salt. Ställ denna torra blandning åt sidan.
e) Använd en handhållen eller stående mixer och vispa smör och strösocker tills det är slätt och krämigt (cirka 2 minuter). Skrapa ner skålens sidor efter behov. Tillsätt äggvitorna och fortsätt vispa tills de blandas (ca 2 minuter till). Blanda i gräddfil och vaniljextrakt.
f) På låg hastighet, tillsätt gradvis de torra ingredienserna till den våta blandningen. Blanda tills det precis är blandat. Sedan, med mixern fortfarande på låg, häll långsamt i chaimjölken, blanda tills den precis blandas. Undvik överblandning; smeten ska vara något tjock och aromatisk.
g) Dela smeten i muffinsformar, fyll var och en cirka ⅔ full.
h) Grädda i 20-22 minuter, eller tills en tandpetare som sticks in i mitten kommer ut ren.
i) För minicupcakes, grädda i ca 11-13 minuter i samma ugnstemperatur. Låt cupcakesna svalna helt innan de frostas.
j) Gör Chai Spice Buttercream: Använd en handhållen eller stående mixer försedd med en skoveltillbehör och vispa det mjukade smöret på medelhastighet tills det blir krämigt (cirka 2 minuter). Tillsätt 5½ koppar (660 g) konditorsocker, tjock grädde, 1¾ teskedar chai kryddblandning, vaniljextrakt och en nypa salt.
k) Börja på låg hastighet i 30 sekunder, öka sedan till hög hastighet och vispa i 2 minuter. Om glasyren verkar tjock eller fet, tillsätt mer konditorsocker för att få en jämn konsistens.
l) Du kan lägga till upp till en extra ½ kopp konditorsocker om det behövs. Om frostingen är för tjock, tillsätt en matsked grädde. Smaka av och justera saltet om frostingen är för söt.
m) Frosta de avsvalnade cupcakesna och garnera efter önskemål. Använd en Wilton 8B rörspets, lägg till kanelstänger för dekoration och pudra med en blandning av den återstående chai-kryddblandningen och en nypa strösocker.
n) Förvara eventuella rester i kylen i upp till 5 dagar.
o) Njut av dina hemgjorda chai latte cupcakes!

91. Masala Panna Cotta

INGREDIENSER:
- ¼ kopp mjölk
- 1 msk teblad
- 1 kanelstång
- 2 kryddnejlika Kardemumma
- ½ tsk Muskotnöt
- 2 koppar färsk grädde
- ⅓ kopp socker
- En nypa svartpeppar
- 1 tsk vaniljextrakt
- 1 tsk gelatin
- 3 matskedar kallt vatten

INSTRUKTIONER:
a) Börja med att smörja insidan av fyra sex-ounce ramekins med lite olja. Torka av dem för att ta bort överflödig olja.
b) I en kastrull, kombinera mjölk, teblad, kanel, kardemumma och muskotnöt. Koka upp, sänk sedan värmen och låt det puttra i 2-3 minuter.
c) Tillsätt grädde, socker och en nypa svartpeppar i kastrullen. Vispa på låg värme tills sockret löst sig helt. Blanda i vaniljextraktet.
d) Medan blandningen sjuder, blomma gelatinet genom att tillsätta det i kallt vatten. När den har blommat helt, införliva den i pannacottablandningen, se till att den är väl kombinerad.
e) Sila av blandningen med en sil och ostduk för att ta bort eventuella kvarvarande sediment. Fördela denna jämna blandning i de förberedda ramekinerna och låt dem svalna till rumstemperatur. Efteråt, kyl dem i minst 3 timmar, men de kan kylas i upp till ett dygn.
f) För att ta bort pannacottan, kör försiktigt en kniv längs kanterna på varje ramekin. Doppa sedan ramekinerna kort i varmt vatten i cirka 3-4 sekunder. Låt dem sitta i ytterligare 5 sekunder och vänd dem sedan upp på en tallrik. Knacka försiktigt för att hjälpa pannacottan att släppa.
g) Njut av din utsökta Masala Chai Panna Cotta!

92. Masala Rispudding

INGREDIENSER:
FÖR RISET:
- 1 ½ dl vatten
- 1 (3-tums) kanelstång
- 1 hel stjärnanis
- 1 kopp jasminris

FÖR PUDDINGEN:
- 1 ¼ tsk mald kanel, plus mer till garnering
- 1 tsk mald ingefära
- ¾ tesked mald kardemumma
- ½ tsk kosher salt
- Nypa mald svartpeppar
- 1 tsk vaniljextrakt
- 3 (13 ½-ounce) burkar osötad kokosmjölk, uppdelade
- 1 kopp packat farinsocker
- Rostade kokosflingor, valfri garnering

INSTRUKTIONER:

a) Kombinera vattnet, kanelstången och stjärnanisen i en 4-liters gryta och låt vattnet koka upp på medelhög värme. Tillsätt riset och sänk värmen till låg. Täck grytan och ånga tills den inte längre är krispig, cirka 15 minuter.

b) Kombinera kryddorna i en liten skål. Tillsätt vaniljextraktet och ¼ kopp av kokosmjölken till kryddorna och vispa till en slät pasta. Detta förhindrar att kryddorna klumpar sig när du lägger dem i det ångade riset.

c) När riset har kokat klart, tillsätt 4 koppar av kokosmjölken och kryddpastan i grytan. Skrapa botten av grytan för att lossa eventuellt ris som kan ha fastnat.

d) Låt blandningen sjuda lätt på låg värme utan lock och koka utan omrörning i 15 minuter. Ytan på rispuddingen bör utveckla små bubblor; om stora, snabbt rörliga bubblor bryter ytan på mjölken, sänk temperaturen. Rör inte om det för du vill inte att riset ska gå sönder. Ett skinn kommer att bildas på ytan, men det är bra!

e) Efter 15 minuter, tillsätt farinsockret och rör om puddingen (rör även om eventuellt skal som har bildats). När du skrapar botten på krukan kommer det att låta som prasslande papper. Sjud i ytterligare 20 minuter, rör om ofta, eller tills puddingen har tjocknat till majonnäsens konsistens.

f) Ta bort kanelstången och stjärnanisen från puddingen och kassera. Överför puddingen till en grund form (som en pajform eller gryta) och kyl utan lock tills den är kall, minst 3 timmar eller upp till över natten.

g) Precis innan servering, rör ner resterande kokosmjölk. Häll upp puddingen i individuella serveringsfat och garnera med ett strö mald kanel och rostade kokosflingor.

h) Förvara eventuella rester i en täckt behållare i kylen i upp till 3 dagar.

93. Chai glass

INGREDIENSER:

- 2 stjärnanisstjärnor
- 10 hela nejlikor
- 10 hela kryddpeppar
- 2 kanelstänger
- 10 hela vitpepparkorn
- 4 kardemummaskidor, öppnade för frön
- ¼ kopp fylligt svart te (Ceylon eller engelsk frukost)
- 1 dl mjölk
- 2 koppar tung grädde (delad, 1 kopp och 1 kopp)
- ¾ kopp socker
- En nypa salt
- 6 äggulor (se hur man separerar ägg)

INSTRUKTIONER:

a) I en tjock kastrull lägg 1 kopp mjölk, 1 kopp grädde och chaikryddorna - stjärnanis, kryddnejlika, kryddpeppar, kanelstänger, vitpepparkorn och kardemummaskidor och en nypa salt.

b) Värm blandningen tills den är ångande (inte kokande) och varm vid beröring. Sänk värmen till varm, täck över och låt stå i 1 timme.

c) Värm blandningen igen tills den är ångande het igen (inte kokar igen), tillsätt de svarta tebladen, ta bort från värmen, rör i teet och låt dra i 15 minuter.

d) Använd en finmaskig sil för att sila bort teet och kryddorna, häll den infunderade mjölkgräddblandningen i en separat skål.

e) Häll tillbaka mjölk-gräddblandningen i den tjockbottnade kastrullen. Tillsätt sockret till mjölk-gräddblandningen och värm under omrörning tills sockret är helt upplöst.

f) Medan teet infunderas i föregående steg, förbered den återstående 1 koppen grädde över ett isbad.

g) Häll grädden i en medelstor metallskål och ställ den i isvatten (med mycket is) över en större skål. Ställ en nätsil ovanpå skålarna. Avsätta.

h) Vispa äggulorna i en medelstor skål. Häll långsamt den uppvärmda mjölkgräddblandningen i äggulorna, vispa hela tiden

så att äggulorna tempereras av den varma blandningen men inte kokas av den. Skrapa tillbaka de värmda äggulorna i kastrullen.
i) Sätt tillbaka kastrullen till spisen, rör om blandningen hela tiden på medelhög värme med en träslev, skrapa botten medan du rör tills blandningen tjocknar och täcker skeden så att du kan köra fingret över beläggningen och att beläggningen inte rinner. Detta kan ta cirka 10 minuter.
j) Så fort detta händer ska blandningen omedelbart tas bort från värmen och hällas genom silen över isbadet för att stoppa tillagningen i nästa steg.

94. Masala Cheesecake

INGREDIENSER:
CHAI KRYDDBLANDNING
- 1 tsk mald ingefära
- 1 tsk mald kanel
- ½ tesked vardera av malen kryddnejlika, muskotnöt och kardemumma

SKORPA
- 7 uns Biscoff/Speculoos-kex, fint krossade
- 1 uns Smör, smält
- 1 ½ teskedar Chai kryddblandning

CHEESCAKE-FYLLNING
- 16 ounces Cream Cheese, mjukad
- ½ kopp högt granulerat socker
- 2 uns gräddfil
- 1 uns Heavy Cream
- 1 st vaniljstångsstång, skrapad
- 2 tsk Chai kryddblandning
- 2 stora ägg i rumstemperatur

GARNERING
- 8 ounces tung vispgrädde
- 1 tsk vaniljextrakt
- 2 msk pulveriserat socker
- 2 teskedar torrmjölkspulver

INSTRUKTIONER:
CHAI KRYDDBLANDNING
a) Värm ugnen till 350F och smörj en 8-tums springform eller 8-tums form med en löstagbar botten. Ställ den åt sidan.

b) I en liten skål kombinerar du mald ingefära, kanel, kryddnejlika, muskotnöt och kardemumma. Vispa tills det är väl blandat. Avsätta.

SKORPA
c) I en matberedare, tillsätt Biscoff-kex och pulsa tills de blir fina smulor.

d) I en stor skål, tillsätt smulorna, 1 ½ tsk Chai Spices och smält smör. Blanda för att kombinera.

e) Pressa blandningen jämnt upp på sidorna och botten av pannan. Grädda i 10 minuter i ugnen.

CHEESECAKE

f) Tillsätt färskost i skålen på en elektrisk mixer utrustad med en paddelfäste. Vispa i en minut.
g) Tillsätt socker, gräddfil, grädde, vaniljbönor och 2 teskedar Chai Spice. Blanda tills det blandas.
h) När blandat, tillsätt ett ägg i taget, bara tills det blandas. Undvik överblandning för att förhindra sprickor.
i) Häll cheesecakeblandningen i den förgräddade skorpan.
j) Placera pannan i en 10-tums rund panna eller linda ett tjockt lager folie runt och uppåt på pannans sidor (detta förhindrar att vatten kommer in i pannan).
k) Lägg formarna i en långpanna och häll vatten i långpannan tills det är halvvägs upp på sidorna av cheesecakeformarna. Var noga med att inte stänka vatten inuti cheesecaken.
l) Grädda i 60-70 minuter, eller tills endast mitten av cheesecaken jigglar.
m) När den är gräddad, stäng av ugnen och låt cheesecaken svalna i ugnen i 1 timme. Kyl sedan på bänken i ytterligare en timme och ställ i kylen i minst 8 timmar. Övernattning är bäst.

GARNERING
n) Vispa grädden, vaniljextraktet, strösockret och torrt mjölkpulver i skålen med en elektrisk mixer med visptillbehör tills det bildas styva toppar.
o) I en spritspåse försedd med en stjärnspets, tillsätt vispad grädde och sprid ut den på den kylda cheesecaken.
p) Strö resterande Chai kryddor ovanpå cheesecaken och vispad grädde.
q) Förvara i kylen.

95. Masala Chai Tiramisu

INGREDIENSER:
FÖR MASALA CHAI:
- 1 kopp halv & halv eller helmjölk
- ¼ kopp tung grädde
- ½ tum färsk ingefära, stött grovt i en mortelstöt
- 1,5 msk löst svart te eller 3 svarta tepåsar
- 1 tsk chai masala
- 2 matskedar socker

FÖR MASCARPONE-VISPAD Grädde:
- 8 uns mascarponeost vid rumstemperatur
- 1,5 dl tung grädde
- ½ kopp strösocker (kan gå ner till ⅓ kopp)
- 1,5 tsk chai masala
- 20 ladyfingers

FÖR CHAI MASALA:
- 8 gröna kardemummakapslar
- 2 kryddnejlika
- Nypa anispulver
- ¼ tesked muskotnöt, nyriven
- ¼ tesked svartpepparpulver
- ½ tsk mald kanel

INSTRUKTIONER:
GÖR CHAI MASALA:
a) Öppna kardemummaskidan och finfördela fröna tillsammans med kryddnejlika i en mortel eller mortel eller använd en speciell krydd-/kaffekvarn.
b) Blanda den pulveriserade kardemumman och kryddnejlikan i en liten skål med anis, muskotnöt, svartpepparpulver och malen kanel. Din chai masala är klar.

GÖR MASALA CHAI:
c) I en liten gryta, kombinera hälften och hälften och tung grädde. Ställs på en spis. När du ser bubblor på sidorna av grytan, tillsätt ingefära, chai masala, svarta teblad och socker.
d) Låt det koka upp och sänk sedan värmen till låg-medel. Låt chai brygga i 5-8 minuter. Håll ett öga för att undvika brännskador.
e) När chai är bryggt och är tjock och av en intensiv brun färg, sila den med en tesil i en stor kopp och låt den svalna.

f) En hinna bildas när chai svalnar, vilket är naturligt, så sila av den igen i en liten skål.

GÖR DEN VISPADE MASCARPONEN:
g) Tillsätt den mjukgjorda mascarponen tillsammans med chai masala och 2-3 matskedar tung grädde. Vispa på medium med hjälp av en stavmixer eller stavmixer i 30-45 sekunder tills det är lätt fluffigt.
h) Tillsätt resten av den tunga grädden i skålen och vispa tills du ser mjuka toppar. Tillsätt sakta sockret och fortsätt vispa tills du ser stela toppar.

SÄTTA TIRAMISU:
i) Doppa ladyfingers i masala chai i max 3 sekunder (annars blir de blöta). Lägg dem i ett lager i botten av en 8x8 panna. Undvik att packa ladyfingers för hårt.
j) Lägg hälften av den vispade mascarponeblandningen ovanpå ladyfingers. Jämna ut det med en spatel.
k) Upprepa med ytterligare ett lager chai-doppade ladyfingers. Lägg den återstående mascarponeblandningen ovanpå och använd en spatel för att jämna ut den.
l) Täck pannan med hushållsfilm och ställ i kylen i minst 6 timmar (gärna över natten).
m) Pudra över lite chai masala innan servering.

96.Chai Spice Apple Crisp

INGREDIENSER:
FÖR CHAI SPICE ÄPPELFYLLNING:
- 10 medelstora äpplen, skalade och skivade i ¼" skivor
- 2 tsk färsk citronsaft
- 2 msk universalmjöl
- ½ kopp strösocker
- 1 och ½ tsk mald kanel
- 1 tsk mald ingefära
- ½ tesked muskotnöt
- ¼ tesked kryddnejlika
- ¼ tesked kryddpeppar
- ¼ tesked mald kardemumma
- ⅛ tesked mald svartpeppar

FÖR HAVREMEAL CHAI CRISP TOPPING:
- 8 uns osaltat smör, vid rumstemperatur, skuren i tärningar
- 1 och ½ dl gammaldags havre
- ¾ kopp strösocker
- ¾ kopp ljust farinsocker, ordentligt packat
- ¾ tesked mald kanel
- ½ tesked mald ingefära
- ¼ tesked mald kryddnejlika
- ¼ tesked kryddpeppar
- ¼ tesked mald kardemumma
- ⅛ tesked mald svartpeppar
- 1 kopp universalmjöl

INSTRUKTIONER:
FÖR CHAI SPICE ÄPPELFYLLNING:
a) Värm ugnen till 375 grader (F). Smörj lätt en 9x13-tums ugnsform.
b) Lägg de skivade äpplena i en stor skål och blanda med citronsaften.
c) I en medelstor skål, kombinera mjöl, socker och kryddor. Strö denna blandning över äpplena och rör om väl för att täcka.
d) Häll äppelblandningen i den förberedda ugnsformen och ställ åt sidan medan du gör smultoppen.

FÖR HAVREMEAL CHAI CRISP TOPPING:
e) I en stor skål, kombinera havre, socker, kryddor och mjöl.

f) Tillsätt det tärnade smöret och skär smöret i de torra ingredienserna med hjälp av två gafflar eller en konditorblandare tills blandningen liknar en grov måltid.
g) Strö toppingen jämnt över äpplena.
h) Sätt in formen i ugnen och grädda i 45 till 50 minuter, eller tills toppen är gyllenbrun och äpplena bubblar.
i) Ta ut ur ugnen och ställ formen på ett galler. Servera varm, gärna med glass.

97. Kardemummakryddad Kheer (indisk rispudding)

INGREDIENSER:

- 1/2 kopp basmatiris
- 4 koppar helmjölk
- 1/2 kopp socker
- 1/2 tsk kardemummapulver
- Saffranstrådar (valfritt)
- Hackade nötter (mandel, pistagenötter) till garnering

INSTRUKTIONER:

a) Tvätta riset och koka det i mjölk tills riset är mjukt och blandningen tjocknar.
b) Tillsätt socker, kardemummapulver och saffranstrådar. Koka tills kheeren når en krämig konsistens.
c) Garnera med hackade nötter och servera antingen varma eller kylda.

98. Gulab Jamun

INGREDIENSER:

- 1 dl mjölkpulver
- 1/4 kopp universalmjöl
- 1/4 kopp ghee (klarat smör)
- Mjölk (efter behov för att göra en deg)
- 1 kopp socker
- 1 kopp vatten
- Kardemummaskidor (krossade)
- Saffranstrådar (valfritt)
- Olja eller ghee för stekning

INSTRUKTIONER:

a) Blanda mjölkpulver, universalmjöl och ghee för att bilda en mjuk deg med mjölk.
b) Dela degen i små bollar och stek dem gyllenbruna.
c) I en separat kastrull, gör en sockersirap med socker, vatten, kardemumma och saffran.
d) Blötlägg de stekta bollarna i sockerlagen några timmar innan servering.

99.Masala Chai kryddad tårta

INGREDIENSER:

- 2 koppar universalmjöl
- 1 kopp socker
- 1 kopp yoghurt
- 1/2 kopp vegetabilisk olja
- 1 tsk bakpulver
- 1/2 tsk bakpulver
- 1/2 tsk kardemummapulver
- 1/2 tsk kanelpulver
- 1/4 tsk ingefärapulver
- 1/4 tsk kryddnejlika pulver
- Nypa salt

INSTRUKTIONER:

a) Värm ugnen till 350°F (180°C) och smörj en kakform.
b) Blanda alla torra ingredienser i en skål och i en annan skål, vispa ihop yoghurt och olja.
c) Blanda de våta och torra ingredienserna, blanda väl och häll smeten i kakformen.
d) Grädda i 30-35 minuter eller tills en insatt tandpetare kommer ut ren.
e) Låt kakan svalna innan servering.

100.Chai kryddade kakor

INGREDIENSER:
- 2 koppar krispiga risflingor
- 1 dl mandelsmör
- ½ kopp honung
- 1 tsk chai kryddblandning (kanel, kardemumma, ingefära, kryddnejlika, muskotnöt)
- 1 tsk vaniljextrakt
- Nypa salt

INSTRUKTIONER:

a) I en stor mixerskål, kombinera krispiga risflingor och chai kryddblandning.

b) I en liten kastrull, värm mandelsmör, honung, vaniljextrakt och salt på låg värme, rör om tills det är väl blandat.

c) Häll mandelsmörblandningen över flingorna och kryddblandningen och blanda tills allt är jämnt belagt.

d) Forma blandningen till kakor eller tryck ut den i en klädd ugnsform och skär i barer.

e) Kyl i ca 1 timme eller tills den stelnat.

SLUTSATS

När vi avslutar vår kryddfyllda resa genom "DEN PERFEKTA KÖPBOKEN FÖR INDISKA MASALA", hoppas jag att ditt kök har blivit en duk för de livfulla nyanser och aromatiska symfonin som definierar det indiska köket. Denna kokbok är mer än en samling recept; det är en hyllning till de olika smakerna och den kulturella rikedomen som gör indisk matlagning till en global kulinarisk skatt.

Tack för att du är med mig i denna utforskning, från de doftande kryddmarknaderna till de hjärtvärmande köken där masalas skapar magi. Må essensen av dessa smakrika recept finnas kvar i ditt hem och skapa inte bara måltider utan minnen genomsyrade av Indiens anda.

När du njuter av de sista bitarna av dessa rätter, kom ihåg att masalalådan inte bara är en behållare med kryddor – den är en inkörsport till en värld av kulinariska möjligheter. Lycka till med matlagning, och må ditt kök fortsätta att fyllas med värmen, aromerna och smakerna som gör det indiska köket verkligen exceptionellt. Shukriya (tack) och glad matlagning!

www.ingramcontent.com/pod-product-compliance
Lightning Source LLC
Chambersburg PA
CBHW071333110526
44591CB00010B/1137